20年で元本300倍
お金が集まる5つの原則

秋山哲

JN009623

光文社新書

はじめに

「まずい……。人生やっていけるのか。やりたいことをできるのか」

ニューヨーク大学の3年生。あと1年ちょっとで働き始める予定だった僕は、漠然としたお金の不安があった。なので、初めて人生で必要なお金と稼げるお金の試算をしてみた。計算の結果はマイナス４５００万円。老後、結婚、子どもの教育、住宅、生活、旅行など自分なりに想定した必要な生涯費用は、平均的に稼げる生涯収入を大きく上回ってしまっていた。さらに、みんなが興奮するエンターテイメントを自分の事業としてやる可能性も考慮すると、より桁違いのお金が不足するのは明らかだった。そう考えると圧倒的にお金が足りない不安がどっと押し寄せてきた。

いま君は、僕がこのときに感じた不安と似たような気持ちを抱えているのではないだろうか。これから人口は減っていくし、年金も大して当てにできないかもしれない。かといって何か特別な能力があってたくさんお金を稼げるわけでもない。投資でお金を増やすにも、必要な知識がないし、知識を得るのも大変そうだし、今年発生した新型コロナの影響で株価が暴落したことなどを考えると、投資もギャンブルみたいで怖いと感じているかもしれない。

この本はそんな君のために書いたものだ。「お金を楽しく増やせるようになる」ための本だ。お金を楽しく増やすためには、楽しく生きるノウハウとお金を増やすノウハウが必要だ。

僕は、中学生のときに勉強をする目的が持てず勉強をやめた。その後、高校には進まず音楽とバイク遊びに夢中になって、死を覚悟するできごとを体験し、一時はどん底のなかで人生を生きる意味さえも見失った。でもいまは、エンターテイメントの夢とともに、ユニバーサル・スタジオ・ジャパンでゲストを元気にするために楽しく働いている。

生涯のお金に不安があった僕は大学生のときに投資を始めた。約20年の間で、数々の市場の暴落も経験して一時は資産が半分になったこともあったけれど、おかげでたくさんのノウハウを身につけることができた。いままでは自ら開発した「投資の3原則」に沿って成長企業をワクワクしながら応援している。投資した元本も20年で300倍にまで増加した。

　こうした経験と積み上げたノウハウを君に伝えて、君の人生と日本を豊かにしたいと思ったのがこの本を書くと決めた理由だ。お金や資産運用の本についてはたくさん出版されていて良書もあるけれど、実際に自分で稼いだお金を投資した経験に基づいたものは少ない。ましてや「楽しみながらお金を増やす」ための本は皆無に等しいのが現状だ。こうした現状も僕がこの本を書く意義になると考え、出版を決めた。

　本書では、お金を「稼ぐ」「使う」「貯める」「運用する」、そして「向き合う」の五つの要素において、すべて「楽しく」できるようになるためのノウハウを伝えていく。仕事を楽しみながらお金を稼いでいく方法、稼いだお金を楽しく使えるようになるためのやりかた、いまの生活を楽しみながら、より明るい将来のためにお金を貯めていくコツ、誰にでもできて君の人生の武器になる投資の始めかたと続けかた、そして、楽しい人生を歩むためのお金との付き合いかただ。

　投資はお金を増やすためにもっとも効果的なので、一番多くのページを割いている。また、君が楽しい人生を歩むための参考として、終わりには僕の半生の話もしていく。そして、最後まで読んでくれた君には、君が確実に楽しくお金を増やせるようになるための仕組みも用意している。君だけのためにつくった仕組みだ。

では早速、楽しくお金を増やせるようになるための話をしていこう。

20年で元本3００倍　お金が集まる5つの原則　目次

図表作成／デザイン・プレイス・デマンド

原則1　お金はやりたい仕事で稼ぎなさい

1　人生に後悔しない働きかた

＊よい人生の公式

これから君に、楽しくお金を増やすための「お金の5原則」について話をしていく。
その5原則とは、

原則1　お金はやりたい仕事で稼ぐ
原則2　お金は楽しく使う
原則3　いまも将来も犠牲にせずにお金を貯める
原則4　将来のために投資を始める
原則5　お金と楽しく向き合う

というものだ。

５原則の話をする前に、僕のことを簡単に説明しておこう。はじめにでも少し触れたように、現在、僕はユニバーサル・スタジオ・ジャパンで楽しく働きながら、投資では20年で元本を３００倍に増やしてきた。僕はマーケターであり投資家だ。

マーケターとしての僕は、約20年間、ユニバーサル・スタジオ・ジャパンで働いてきた。これまでに、ハリー・ポッターエリア（ウィザーディング・ワールド・オブ・ハリー・ポッター）やミニオンエリア（ミニオン・パーク）などのアトラクション、ハロウィーンやクリスマスなどのイベント、飛躍的な事業成長に向けた極秘プロジェクトなど、数々の商品開発やマーケティングをリーダーや責任者として経験してきた。いまは、ユニバーサル・スタジオ・ジャパンのブランディング、アトラクションのマーケティング、関西圏外の市場におけるビジネス責任などを、マーケティングディレクターとして担っている。トリップアドバイザーで４年連続「もっとも行きたいテーマパーク・ランキング国内

ウィザーディング・ワールド・オブ・ハリー・ポッター

図表1-1　日本では生きづらさが広がっている

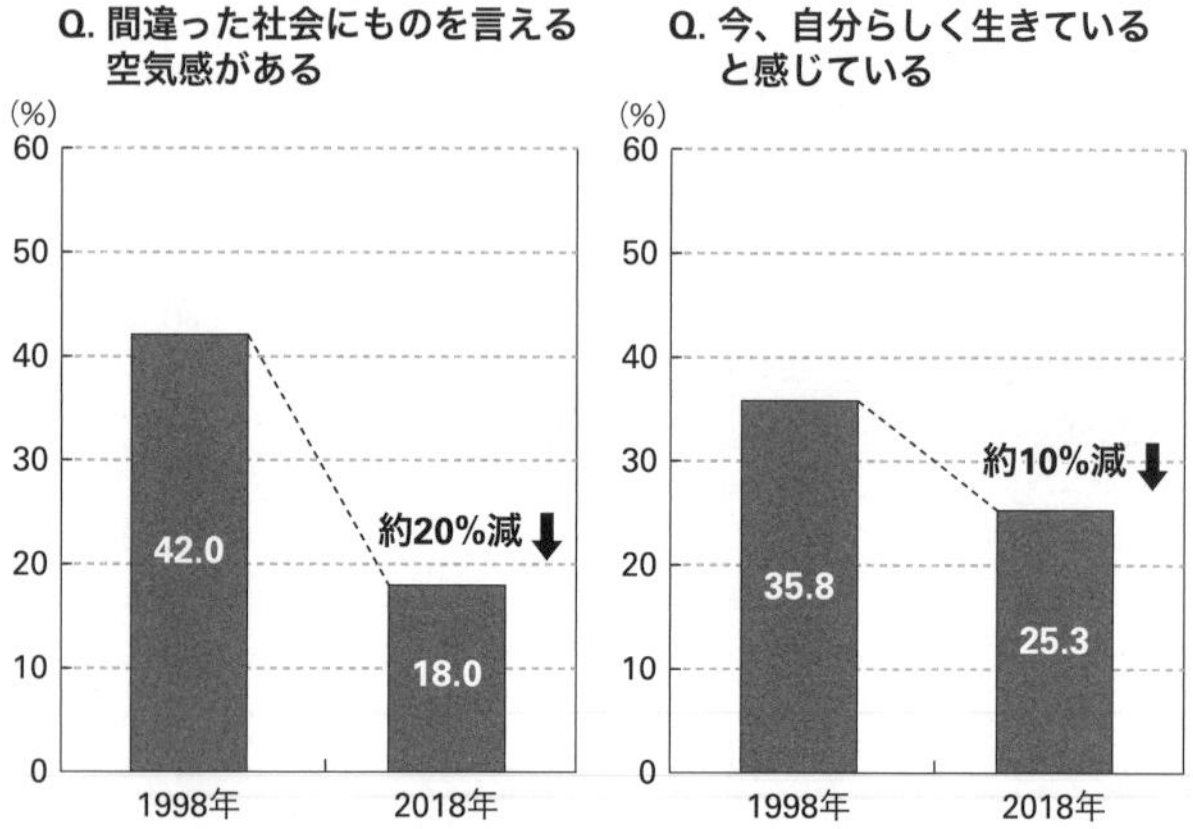

出所）博報堂HABITより 男女18-60歳 東阪3000サンプル

第1位」（2020年時点）に選ばれるなど、人気のテーマパークでいることは、ブランドを担う責任者としての誇りだ。もちろん仲間のマーケターやすべての社員にとっての誇りでもある。

いまの僕はマーケターとして、「日本をもっともっと元気にしたい、しなくてはいけない」との思いで働いている。経済低迷や少子高齢化などで落ち込んできた所得、これからの人口減少、細っていく年金など、さまざまな理由でいまの日本は元気がなくなっている。自分らしく生きるのも難しくなっている。20年前と比較しても、世界中の国と比較しても、日本は少しずつ生きづらくなっているのだ（**図表1-1、図表1-2**）。

図表1-2　日本人はほかの国と比べて自由を感じていない

Q. いま、人生は自由だと感じるか（1から10点の間でお答え下さい）

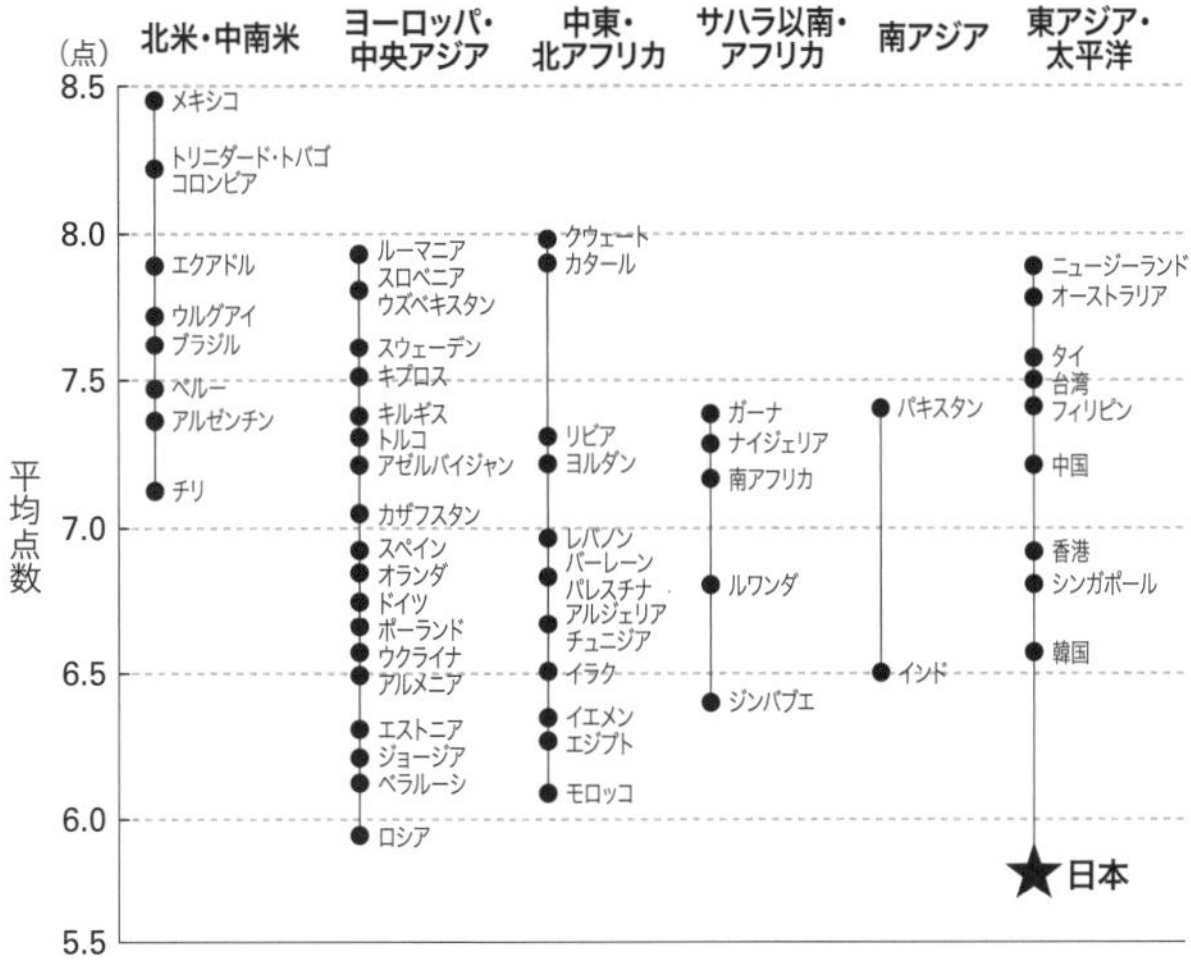

出所）World Value Survey HP Report 2016.6.22（世界価値観調査：ミシガン大学 Rnald Inglehart）

だからこそ、ゲストには僕たちにしか提供できない突き抜けた刺激体験を通じて、味わったことのない興奮や感動を体感してほしい。体感したことのない感情を通じて、自分自身の殻を破り、明日からの生活を前向きに過ごせるようになってもらいたい。僕たちが提供する体験を通して、前向きになる人が増えれば日本はもっと元気になっていくはずだ。

この想いを込めて、今年、ブランドスローガンを刷新した。新しいスローガンは「NO LIMIT!」だ。

そして、その一つとして、遊びの

SUPER NINTENDO WORLD
（2021年に開業予定）

本能を解き放てる「SUPER NINTENDO WORLD」を２０２１年に開業する予定だ。こうしたNO LIMIT!な体験を提供し続けることで、日本をもっともっと元気にしていくのがいまの僕の夢だ。この夢のおかげで僕は楽しく働いてお金を稼ぐことができている。

投資家としての僕についても触れておく。

僕は、株式投資を開始して約20年で、元本を約３００倍に増やしてきた。いまは、米国著名投資家・ピーター・リンチの手法と自分の経験を掛け合わせ、独自の「投資の3原則」のもと、３〜５社の国内企業に長期視点で集中投資するのが僕のスタイルだ。この20年間で投資力もだいぶ向上して、いまでは9割近い確率で成長していく企業の見極めができるようになった。市場が暴落している局面でも、企業が成長していくと判断すれば投資をしている。

２０２０年は、２月に新型コロナウイルスの影響で市場は一時大幅に下落したけれど、僕は、いままでと同様に大幅な株価の下落で極めて割安になった成長企業を見つけて投資をしている。市場が暴落しているときに成長企業を見極めたうえで投資をすると、資産が大きく増加する経験を何度もしてきたからだ。それに市場が悲観的になっているときこそ、社会により大きな価値を提供していく企業を応援したいのだ。

いまの僕は、企業の価値づくりを応援したい気持ちで投資をしている。僕が仲間と一緒にユニバーサル・スタジオ・ジャパンを通じて価値を提供しているように、さまざまな企業がより豊かな生活や人生のために価値をつくっている。そして、新しい価値を提供するためにつねにお金を必要としているのだ。

僕たちユニバーサル・スタジオ・ジャパンが、ゲストと社会により大きな価値を提供し続けていられるのは、応援してくれる株主がいるからだ。価値をつくるために必要なお金を拠出してくれているので、僕たちは価値づくりに専念できる。こんな経験と、実際に投資をしているなかでたくさんの素晴らしい企業と遭遇するうちに、価値づくりに情熱がある企業を応援したいと思うようになった。

そんな企業への投資を通じて、一人では決してつくれない価値を社会に提供できることは、いまの僕にとって代え難い楽しみなのだ。

なぜ僕は楽しく働いて稼ぐことができるのか。
なぜ僕は楽しく投資を継続できるのか。
なぜ僕は元本を300倍にまで増やすことができたのか。

この本を手にとってくれた君にとって、僕は謎だらけかもしれない。

僕は、ユニバーサル社に25歳で就職するまで、文字通り紆余曲折の人生を送ってきた。群馬県の農家で生まれた僕は、よい高校に入り、よい大学に入り、よい会社に入って人生をまっとうするという世の中一般の「よい人生」の公式がまったく理解できなかった。中学生のとき、テスト勉強のために、大好きな「夜のヒットスタジオ」や「ザ・ベストテン」を諦める意味がわからなかった。漢文を読まなくてはいけない意味も、飽和水溶液を冷却したときに抽出される結晶の質量計算が何の役に立つのかも、まったくわからなかった。学校の先生も、親も、親戚のおじさんも皆、「よい人生」を送るためには勉強が必要だと教えてくれはしたけれど、僕の疑問は解消されなかった。

「よい人生＝よい高校＋よい大学＋よい会社」

こんな公式は嘘だと思った。

詳しくは原則5で触れるけれど、結局僕は中学3年生の新学期から一切の勉強をやめた。高校にも進学せず、知人が勤める工務店で大工見習いとして働きはじめた。稼いだお金は、元々好きだった音楽と、どっぷりはまっていったバイクにつぎ込んだ。

大好きなバイクを運転中に、ひき逃げされたのはその頃だった。生死の境をさまよい、僕はボロボロになった。

まさにどん底にいた僕だけれど、そのときに出会った聖書のある一節によって、「エンターテイメント」を仕事にすることを夢見るようになった。いま思い返しても、聖書との出会いが僕の楽しい人生の起点になっているのは間違いない。

その後、一念発起して大検を受け、ビジネスとエンターテイメントを学ぶためにアメリカへ渡った。ビジネスとエンターテイメントを実践的に学べるのは、アメリカ以外に選択肢がなかったからだ。貴重な学びを得てニューヨーク大学を卒業し、ユニバーサル社に入社。そしてさっき伝えたような仕事に恵まれ、楽しい人生を送ってきた。

こうした経験をしてきたいまの僕には、僕自身の「よい人生」の公式の解がある。

「よい人生＝楽しい人生＝やりたいこと×できること＋必要なお金」

君にこの公式を理解してもらうために、楽しい人生に欠かせない「お金の5原則」の話をしていこう。最初は、「お金はやりたい仕事で稼ぐ」原則についてだ。

＊やりたい仕事をやりなさい

まず君に伝えたいのは、「やりたいことは必ずやったほうがよい」ということだ。

君はいま何のために働いているのだろうか。生活のため、旅行やショッピングなどの趣味のため、自分の成長のため。いくつか理由があるだろうけれど、欲しいものや生活のために必要なお金を稼ぐことは働く目的の一つのはずだ。

では、必要なお金を稼ぐために、君はなぜいまの仕事をしているのだろうか。就活で受かったから、会社に配属された部署だから、給料が高いから。ここでも理由はいくつかあがるだろう。でも、その理由に、**「やりたいことだから」が含まれていないのなら、早めにいまの仕事を辞めてやりたいことをやったほうがよい。**

君の人生は、君のものだ。君が楽しむためにある。そして、楽しい人生を過ごすためにやりたい仕事は欠かせない。人生で多くの時間を費やす仕事は、欲しいものや生活のために必要なお金を稼ぐためとは別に、君が好きなことをやれる時間でもあるのだ。

＊やりたいことはすでに君の中にある

君のやりたいことは何だろう。急に聞かれて困ったかもしれない。でも、わからないとしても心配はいらない。やりたいことは君の中にすでにあるからだ。

パソコンをいじっているとき、友だちとカラオケをしているとき、料理をしているとき、本を読んでいるとき。いまの君が好きな時間を思い出してみてほしい。君のやりたいことはそこにある。

パソコンが好きなら、システムをつくるプログラマーがよいかもしれない。要件を決めてシステムを設計するエンジニアでもいい。料理が好きなら料理人がよいかもしれない。料理を教える講師や、カフェのオーナーも選択肢となるだろう。

いまの君に好きな時間がないなら、過去を思い出せばよい。君はいままで何が好きだったのだろうか。ダンスやゲーム、サッカー、勉強。いくつか思い浮かぶはずだ。そこに君のやりたいことが必ずある。やりたいことは探さなくてよい。振り返れば、そこにあるのだ。

詳しくは原則5で伝えるけれど、僕も中学生のときは自分のやりたいことをどれだけ考えてもわからなかった。大工をしていたときも、ずっと続けていきたいという気持ちは芽生えてこなかった。けれども、そのあとに出会った聖書の一節で、「仲間と音楽をするのが好き、人に喜んでもらえるのが好き」という自分の気持ちに気づいて、エンターテイメントに夢を見るようになった。

やりたいことは、君の好きな時間の中に必ずある。それを人に喜んでもらえるように変換したものが、君のやりたい仕事だ。

＊やりたいことを阻む「周囲の期待」「見栄」「目先のお金」

君がやりたいことに気づくうえで、障害が三つあるので覚えておいてほしい。それは「周囲の期待」「見栄」「目先のお金」だ。

家族や身近な人は、君に何かしらの期待をしている。社会的地位のある職業に就いてほしい、収入の多い仕事をしてほしい、リスクを取らずに安定した生活をしてほしい。内容はさまざまなはずだけれど、必ず何かを期待している。君にとって大切な人の期待であれば、応えたい気持ちもでてくるだろう。けれども、それに応えようとしてはいけない。君にとって本当にやりたいことは、周囲の期待とはまったく関係がないからだ。大切な人であれば、君のやりたいことをきっと理解してくれるはずだ。理解してもらえるまで伝えればよいのだ。君にとって大切な人でないのなら、そんな人のためにやりたいことを犠牲にするのは馬鹿げている。

君の中にある見栄にも気をつけてほしい。大小あるけれど、僕たちは他人と比較する動物だ。とくに自分の身近で似たような環境にいる人と比べやすい。会社であれば同期だったり、同じ部署の同僚だったり。比較するものは、給料や役職といっただいたいの人が欲しがるものだ。けれども他人との比較から生まれる優越感や劣等感は、君のやりたいことを見えなくするだけだ。君の価値をそんなもので測れるはずもない。

もっとも気をつけてほしいのは目先のお金だ。僕たちの社会は生きていくためにお金が必要不可欠で、将来の経済や細っていく年金を考えると、不安な気持ちになるのはまったく不自然なことじゃない。収入だけで考えたら高いほうがよいに決まっている。けれども、収入を基準に考えだすと、お金の重要性がゆえに、やりたいことが見えなくなる。

そもそも、やりたいことを仕事にするほうが、将来的にはより稼げるようになる。なぜなら、やりたいことのほうが、興味があるので学びが深くなり能力が向上していく。困難に直面したときも、踏ん張りがきく。すると、より大きな成果を出せるようになるので、収入が増えていく。成果の大きさは、モチベーションと能力の掛け算に比例しているのだ。

君が本当に欲しいものは、周囲の期待に応える自分でもなく、他人との比較によって得られる優越感でもなく、好きなことを犠牲にして稼いだ目先のお金でもない。やりたいことをして働いている自分のはずだ。

*やりたい仕事をしないと必ず後悔する

やりたい仕事に気づいたら、それは必ずやろう。もう遅い、スキルがない、経験がない、収入が不安。できない理由はたくさん浮かんでくるだろうけれど、その仕事に挑戦しないと必ず後悔する。やりたい仕事では生活ができない場合も、まずはほかの仕事をしながら、やりたい仕事で生活ができるようになるにはどうしたらいいか考えてみよう。

僕が17歳のときにバイクごと突き飛ばされて、死を確信した瞬間に感じたのは、「もっと生きたかった」という後悔だった。悔やんだ理由の一つは、好きな仕事をできていなかったから。音楽やバイクで楽しいことはしていたけれど、好きなことを仕事にして生活ができていなかったので、自分は何者にもなれなかったと感じ、死を目前に後悔したのだ。

やりたい仕事をして失敗したときの後悔は、まったく気にする必要がない。その後悔は、時間の経過とともに小さくなっていくし、失敗から学びを得られれば、失敗は貴重な経験へと変わり、後悔は消えてなくなる。けれども、やりたいことをやらなかった後悔はずっと背負い続けなくてはならない。どれだけ年月が経過しても消えないのだ。

アメリカのコーネル大学には、高齢者から人生の学びを得ることを目的にした「レガシー・プロジェクト」がある。老年学が専門のカール・ピレマー教授が２００４年にプロジェクトを発足し、これまで１５００人以上の高齢者に対して聞き取り調査が行われてきた。そのプロジェクトによると、**７割以上の高齢者には後悔していることがあり、それは「人生に挑戦しなかった」ことだという**。この結果を、僕は人生においてさまざまな道を決めるときに無難な道を選択してきたからだと解釈している。いまこの本を読んでいる君には、やりたいことをしなかった後悔をしてほしくない。

＊やりたいことと誰かが欲しがるものの接点を見つける

　やりたいことを仕事にするときにもっとも重要なのは、それを**人のためにする思考**だ。君の仕事には必ず相手がいる。消費者かもしれないし、他社のクライアントかもしれないし、社内の違う部署の人かもしれないし、投資家かもしれない。いずれにしても、君の仕事は誰かのニーズを満たすことで成り立つ。君が仕事を通じて生みだす成果は、誰かに受け入れられて初めて価値に変わるのだ。価値を提供した対価として、会社や君はお金を受け取れる。このシンプルな構図はつねに忘れないでほしい。

「自分がつくりたいものをつくりたい」という気持ちは大切だ。それが君のやりたいことで、それをしているときが楽しいのだから。その気持ちはつくる原動力にもなるので、持ち続けてほしい。ただし、つくるのは君だけれど、それに価値があると判断するのも、お金を支払うのも顧客や消費者だ。自分のつくりたいものと誰かが欲しがるものの接点を見つけて、価値のある「何かづくり」を目指してほしい。君も「何か」をつくるのではなく、「価値のある何か」をつくって人に喜んでもらうほうが楽しくなるはずだ。

　会社や上司、仕事を依頼してくれる発注者。君は誰かの依頼で仕事をするケースがほとんどのはずだ。依頼主と君の意見が異なる状況は日常的に起きる。たとえば会社の上司。上司と意見が分かれた場合は、上司を見るのではなく、上司が見ている顧客や消費者を見て、彼らが本当に求めているのは何かを議論しよう。上司が見ているニーズが正しいと思えれば、その通りにすればよいし、そうでないなら君の見ているニーズに納得してもらおう。どうしても折り合いがつかないときは、君の絶対に譲れない部分は納得してもらい、上司の絶対に譲れない部分を受け入れてみよう。結果を受けてお互いに学べばよいのだ。君が譲れない部分をわかりやすく伝えても、納得できる説明もなく受け入れてくれなかったり、結果が君の言う通りになっても上司が学ばなかったりするのなら、その上司から離れることを考えてもよい。君ができるようになるための学びの環境としてはよくないからだ。

＊やりたい仕事に必要なことと君らしさを知ろう

君がやりたい仕事をできるようになるために、必要な条件は何だろうか。まずは、その条件を把握してほしい。そのうえで、君らしさが何かも把握してほしい。君らしさは、難しく考える必要はない。君がこだわりたい要素だ。

僕はマーケターで、ユニバーサル・スタジオ・ジャパンで働いている。日本のマーケター人口はわからないけれど、おそらく10万人以上の規模でいるだろう。マーケターの仕事は、消費者や顧客が商品を購入する理由をつくることであり、商品が売れる環境をつくることだ。そのために消費者や顧客を理解して、売れる商品を開発し、宣伝やＰＲなどを通じてコミュニケーションをしていく。同時に、最適な価格を決めて消費者や顧客が購入しやすい場所に販売網もつくっていく。

　こうした活動をしていくうえで、マーケターには欠かせない条件がある。「考える力」と「リーダーシップ」だ。この二つがないと、複雑な消費者の心理を理解できないし、さまざまな部門を巻き込んだうえで、一貫した商品開発や宣伝・ＰＲ展開もできない。最適な価格設定もできないし、他社を巻き込みながら、効果的な販売網を構築することもできない。つまり、二つの要素がないとマーケターにはなれないのだ。

　僕たちユニバーサル・スタジオ・ジャパンのマーケターらしさは、革新性にある。革新性とは、消費者を３６０度観察して市場でまだ誰も気がついていない新たな課題を見つけて解決したり、解決されていない既存課題を新たな手法で解決したりする力だ。要するに、いままでにない大きな価値をつくることだ。革新性は、いままでにない方法で、商品や消費者へのコミュニケーションをつくりだすプロセスのなかで発揮されていく。

　テーマパーク業界のアカデミー賞と言われるＴＨＥＡ賞や、ギネス世界記録などにおいて、数々のアトラクションやイベントで世界1位を獲得してきているのは、僕たちがこだわっている革新性の証だ。僕たちが革新性にこだわっているのは、僕たちにしかつくれない価値を通じて、ゲストに体感したことのない感動や興奮を届けたいからだ。

革新性にこだわってきた証

やりたい仕事に必要な条件は、職業を紹介している本を読んだり、君がやりたい職種で働いている人に聞いたりすれば、把握できるはずだ。君らしさについては、できるようになるための条件をクリアしていきながら、こだわりたい要素を考えていけばよい。

君が何者になるにしても、必要な条件を把握して、学びながら君だからこそできることを見極めてほしい。君が最終的にやりたいのは、君だからこそできる何かのはずだから。

＊「夢」と「成功体験」が前に進む原動力になる

できるようになるための必要な条件を把握したら、

実際に行動に移そう。最初は実績もないし不安かもしれないけれど、やりたいことができるようになった自分を想像して、それを原動力にするのがよい。些細《ささい》なことでよいから成功体験もつくろう。すると、その成功体験も君に勇気をくれて、さらなる原動力となる。

　僕は、大検に合格できなかったら大工になるという約束を親として大検受験を選択したけれど、その選択ができたのは、夢が原動力になっていたからだ。ニューヨーク大学へ入学するためにＴＯＥＦＬを受験し、問題が１問もわからなかったときも前に進む勇気を持てたのは、エンターテイメントの夢に加えて、大検での成功体験があったからだ。パークの開業２年目に、業績が右肩下がりの状況でスパイダーマン・ザ・ライドのマーケティングリーダーを初めて任され、プレッシャーを感じたときも挑戦できたのは、夢とニューヨーク大学での学びに加えて、パーク開業時からいくつかの課題を解決してきた成功体験があったからだ。できるようになった自分を想像することと成功体験は、必ず君の原動力になる。

　原動力を得て行動し続けることに加えて、自分の行動をつねに振り返って学びを得るようにもしよう。そうすれば、より効率的にできるようになる。失敗と成功のどちらからも必ず学ぶことはできるので、何を学べるかいつも意識しながら行動してほしい。

　さらに効率的に学ぶために僕がすすめたいのは本とメンターだ。本は君が学びたいことをつねに体系的に教えてくれる。良書には、すでに何かができる人たちの体験と思考が詰まっていて、学びを大きく助けてくれるのだ。

よいメンターは、君の話を聞きながら君が学べるように対話をしてくれる。メンターは、君のやりたいことの分野にいなくてもよい。大切なのは、君の話を聞いてくれる人で、その人と話していると君の頭が整理され、課題やすべきことが見えてくることだ。そうした人がいるのなら、親や友人、会社の先輩など、誰でもよいのでメンターになってもらおう。

やりたい仕事に必要な条件を把握し、勇気を持って初動を踏みだし、君らしさを見極め、つねに学びながら行動を継続したら、君は間違いなくやりたい仕事ができるようになる。**仕事が楽しくてたまらなくなる**はずだ。

2　収入を上げる唯一の方法

＊大きな価値を提供するしかない

君は給料をもっと欲しいと思っているだろう。お金があれば欲しいものがもっと手に入るし、住宅、教育、老後といった将来に必要なお金の不安もなくなるかもしれない。君がお金をもっと欲しいと思う気持ちは自然だ。そこに後ろめたさを感じる必要はない。

ただ、労働を通じて収入を上げる方法は一つだ。君がつくる価値をもっと大きなものにするしかない。より大きな価値をつくる方法は二つある。君の顧客や消費者が抱えているより大きな課題を解決するか、新たな顧客や消費者を見つけて解決策を商品として提供するかだ。

現在の日本は、人口減少の時代に突入している。この傾向は何十年にわたり今後も続いていくのは間違いない。人口減少のなかで経済を成長させるため、今後は一人ひとりの生産性の向上に、より焦点があたるはずだ。と言うのも、経済の成長は、労働人口と生産性の掛け算で決まるからだ。政府は、生産性の向上のため、ＩｏＴへの投資やＩＴ教育を促進する施策を実行しているし、社会の意識も生産性に向いている。つまり、僕たち一人ひとりが、より大きな価値をつくることを時代も求めているのだ。こうしたなかで収入を上げたいのなら、より大きな価値を誰かに提供するのが唯一の方法だと知っておいてほしい。

＊転職と独立のタイミング

君はやりたい仕事をしていたとしても、さらに収入を増やしたいと思っていて、転職や独立を考えているかもしれない。いまはなくても、これからどこかで考えることもあるだろう。

そんなときに思い出してほしいことがある。それは君が転職や独立をすべきタイミングは、「より大きな価値づくりにチャレンジするとき」ということだ。君の成長は、どれだけチャレンジングな環境に身を置けるかに大きく左右される。高い壁に向かったときは、成功や失敗にかかわらずいつも大きな学びを得られるのだ。

転職の場合は、転職先に学びの文化があることも重要だ。チャレンジをしてもそこから学ぶ文化がないと、君の成長幅は小さくなる。チャレンジと学びがあれば、より大きな価値を提供できるようになるため、結果として収入も増えるようになる。

間違っても経済的理由のみで、転職や独立をするのはやめてほしい。収入目的で転職すると、つねにより高い収入を求めるようになる。やりたいことをしたり、成長を目指したり、仕事を楽しんだりといった本質を見失ってしまうのだ。

＊「副業」はやめて、本業を二つ持ちなさい

君は副業をしているかもしれない。今後どこかのタイミングで考えることもあるかもしれない。最初に僕の考えを伝えると、副業はしないほうがよい。生活のために仕事を掛け持ちするのはよい。ただし、生活のためだけにしてはいけない。**君が仕事で生みだす価値をさら**

に大きくすることも目的にすべきだ。この目的を果たすためには、副業を片手間でやってはいけない。本業と同じ情熱を注ぐべきだ。「副」の概念は捨て去ろう。

僕の仕事は、マーケターと投資家だ。所得ベースで分けるなら、圧倒的に本業は投資家になる。反対に費やしている時間で分けるなら、圧倒的にマーケターが本業になる。でも、僕が注いでいる情熱で分けるなら両方とも本業だ。

いまの僕が投資家をしている理由は、僕や会社の仲間と同じように価値をつくっている企業を応援したいからだと伝えたいけれど、もう一つある。投資はマーケティングに必要な能力の向上にも大きく役立つからだ。投資家とマーケターに必要な能力はとても似ている。マーケターの役割は価値をつくることだけれど、投資家の役割はマーケターや企業がつくったものが、市場に価値として受け入れられるのかを見抜くことだ。両者に共通しているのは、市場ニーズの見極めだ。

僕はいままでに１００社以上の企業への投資を通じて、さまざまな市場ニーズを見極めてきた。多種多様な企業が提供する商品が価値になるのかも見定めてきた。この経験と学びが、マーケターとしての価値づくりにも大いに役立っている。

投資家としての僕の成績は、最初の10年で元本が約5倍、次の10年では約60倍と飛躍的に向上した。これは投資家としての経験と学びに加えて、マーケターとしての経験と学びがあるからだ。仕事を二つ以上持つのであれば、情熱はすべてに傾け「本業」にすべきだ。この気持ちが必要と知ったうえで複数の仕事をしたいと思うならしたほうがよい。君の成長は早まり、結果として収入も増加していくだろう。

3　君の仕事が楽しくないときはどうしようか

＊解決の糸口は原因を探ること

君は、いまやりたい仕事をしていても楽しくないかもしれない。やりたい仕事のはずなのに辞めたいとさえ思っているかもしれない。とくに、成果が出ないときや上司や同僚との人間関係がよくないとき、評価に納得がいかないときなどはそう思うかもしれない。楽しくない状態がずっと続くと、自分の存在意義さえ感じられなくなってしまう。

もし君がそんな状態なら、まずは原因を考えよう。成果が出せないのが理由だとしたら、それは君がまだできる状態になっていないからだ。そんなときは、できるようになった自分の想像といままでの成功体験を原動力に変え、できる状態を目指してほしい。

一方で、できる状態になっているのに成果が出ないときもある。それは原因が君の力のおよぶ範囲外にあるからだ。景気や株主の意思、会社の方針。ただ、そんなときでも君にできることがないのか考えよう。もし何かあるのなら、勇気を持って行動してほしい。そしてその行動の結果から学びを得ることに集中すればよいのだ。これを愚直に繰り返していれば、必ず成果は出るようになる。

　上司や同僚との人間関係が、楽しくない理由なのだとしたら二つのことを考えてほしい。一つは、君が周りの人とビジョンを共有しているのか。もう一つは、その人を認めているのかだ。人は、「ビジョンに共感して信頼で動く」と覚えておいてほしい。

　ビジョンとは、君がありたい姿であったり、誰に何を提供するのかだったりだ。人が他人に協力する起点はビジョンの共感にある。そして、実際に協力してもらうためには、その人の信頼を得なくてはいけない。信頼してもらうために一番大切なのは、君がその人を認めることだ。誰にでも人に認められるべき部分は必ずある。そこを認めてその人を信頼し、誠意を伝えれば協力してくれるはずだ。

　君は、誰かから何かしらの評価を受ける。上司からの評価はその最たる例だ。上司の評価に納得がいかないときは、納得するまで上司と話をしなくてはいけない。めんどくさがったり、うるさいと思われないかと気を使ったりしてはいけない。評価は君にとって極めて重要だからだ。上司の評価が適正であればそこから学べることがあるし、不適正であれば適正にしてもらわなくてはいけない。生活にもかかわるからだ。

自分と他人がする評価にはギャップがある事実も覚えておいてほしい。一般的には、自己評価は他己評価より20％くらい高いと言われている。成果が出せない人ほどこのギャップは大きくなりやすい。逆に、成果を出している人はギャップが小さくなる。まずは、君自身がしっかりと成果を残し、適正な自己評価をし、説得力を持って上司にその成果を伝えよう。それでも納得のできる答えがもらえない場合は、その上司から離れることを考えてもよい。君がしっかりと成果を出しているのなら、君を必要とする場所はいくらでもあるはずだ。

＊僕にも仕事が楽しくないときがあった

僕はアメリカでユニバーサル社に入社して現場の運営ノウハウを学んだあと、ユニバーサル・スタジオ・ジャパンを開業するために帰国した。そして、パークが開業した年の後半に企画部へ異動した。マーケティング本部を強く希望していたけれど、「マーケティングを学ぶ前に、会社全体を俯瞰《ふかん》している企画部で学んだほうがよい」と、サンフランシスコの就職フォーラムで出会った人事ディレクターがアドバイスをくれて、成就《じょうじゅ》した異動だった。

企画部では、入場者数の予測と予算管理を主任として担当した。両方ともとても大切な仕事だ。入場者数の予測は、予算策定のベースの数値になったり、予算達成するための追加施策の必要性を判断する材料になったり、パークの人員配置や食材の調達量など、日々の運営に必要なさまざまな人やものを発注するときの根拠になったりする。予算管理は、入場者数や売り上げ、原価などが日々どのように推移しているのかを、社長をはじめとした経営側に報告し、タイムリーにビジネスの状況を伝えるのが業務だ。

異動当初の僕は、二つの担当業務をなかなかできるようにならなかった。その年は、パーク開業初年度ゆえの難しさもあって、実際の入場者数が予測を倍以上も上回ってしまい、パークの人員、食材、スタジオガイドなどが圧倒的に不足して、ゲストと現場のスタッフに迷惑をかけたことが何度もあった。逆に、予測が大きく実績を上回り、余剰な人員配置や原材料の調達をして、無駄な費用を会社に負わせたこともある。

エクセルやコピー作業も初めてで、予算管理や報告業務もうまくいかなかった。数値の入力ミスがあったり、コピー操作を間違えて報告書のページが抜けていたりと、しょっちゅう何かしらのミスをしていた。

数カ月が経ってもミスは続き、上司からの信頼も次第になくなって、異動して4カ月後にあった人事評価はよくなかった。何をやってもうまくいかなくなっていた。会社に行ってもミスをして迷惑をかけるばかりで、出社するのが嫌だとさえ思うようになっていた。

一方で、「この状況から何とか抜けだしたい」と模索し続けてもいた。エンターテイメントの夢を諦めたくなかったのだ。いまの自分に何ができるのかと、毎晩寝る前に考えていた。

ずっと考え続けていると、「いままでと違う方法で入場者数の予測をしてみたらどうか」というアイデアが浮かんできた。ニューヨーク大学で統計学を好んで取っていたときに学んだ重回帰分析を思い出したのだ。重回帰分析とは、ある結果が複数の要因でもたらされる場合、どの要因がどの程度影響しているのかを関数で数値化して、それをもとに将来の結果を予測する分析手法だ。テーマパークの入場者数は、シーズン、天候、曜日、気温、アトラクション、イベントなど、さまざまな要因が複雑に絡み合っている。入場者数を予測するのには、最適な分析方法だった。

そこで、「いまの自分にできるのは、この手法を用いて入場者数の予測精度を上げることだ」と考え、2カ月くらいかけて40以上の要因とともに新しい予測モデルを完成させた。完成後、すぐに上司に共有した。「入場者数の予測担当者として、ゲストの笑顔とパークの適正な運営を担保したい。そのために新モデルをつくったので見てほしい」と伝えると、上司はとても喜んでくれた。上司も、なかなか成果が出せない僕にどう対応したらよいのか考えていたはずだ。そんななか、部下みずから何ができるのかと考え、新たなモデルを完成させたことに喜んでいたのだ。

その後、上司とともにモデルの精度をどんどん上げていき、入場者数の予測精度は飛躍的に向上した。適正なパーク運営、ビジネスの正しい現状把握、的確な予算策定などができるようになっていった。僕も仕事ができるようになって、再び楽しく働けるようになった。

このときの僕が仕事を楽しく感じられなかった理由は、成果を残せていなかったからだ。上司との信頼関係もなくなっていたからだ。そんな状態を抜けて楽しく働けるように戻れたのは、自分のできることを考え、それを実行したからだ。そして、上司に入場者数の予測担当者として自分のありたい姿を共有したからだ。上司も、自分を信頼して新モデルを共有してきた部下に、成果を出させようと協力してくれたのだ。

仕事が楽しくなくなった経験はこのあとも何度かあったけれど、その度に理由を考えて、このときの経験を思い出して乗り越えてきた。そして、いまは楽しくお金を稼ぎ続けている。

◎「原則１：お金はやりたい仕事で稼ぎなさい」のまとめ

・やりたい仕事をやらないと、必ず人生に後悔する
・やりたいことを仕事にすると、お金も稼ぎやすくなる
・やりたいことは気づくもので、君の好きな時間の中に必ずある
・「周囲の期待」「見栄」「目先のお金」はやりたいことを阻む
・やりたいことと誰かが欲しがるものの接点を探す
・仕事の原動力になるのは「夢」と「成功体験」

原則2　お金は楽しく使いなさい

1　人生を豊かにするお金の使いかた

＊お金を使うことに罪悪感を抱く必要はない

君は、お金を使うことに、恐怖や罪悪感を抱いていないだろうか。将来の生活への不安や口座からお金が減っていく焦燥感。そういった気持ちから、生活に欠かせないものでも値段の安さだけで決めたり、友人との楽しい付き合いを我慢したりしていないだろうか。

君がもしそんな状態になっているとしたら、伝えたいことが二つある。一つは、将来のためにいまを犠牲にするのはよくないということだ。

楽しい人生は、楽しく過ごした一日一日の積み重ねの結果だ。「ありたい自分」と「生活」のために、いま、お金を使い続けることでつくられていく。つまり、**仕事ができるようになるため、仕事以外のやりたいことをするため、生活に必要なもののため、この三つにお金を使うことは楽しい人生に欠かせない**のだ。少ない金額でもいい。毎月の上限を決め、その範囲内で使って楽しい生活をしてほしい。

僕が夢を持つようになったのは、大工で稼いでいたときに、お金を使っていたことが関係している。音楽だ。好きな音楽にお金を使っていなかったら、仲間とライブやセッションで楽しい時間を過ごす経験もなかったし、あとになってその時間を思い出して夢を持つこともなかった。楽しい時間のためにいまお金を使って、その楽しさを追求することは、将来の楽しさにもつながるのだ。

もう一つ伝えたいのは、**お金を使うのはよい行為**だということ。お金を使うことで社会をより豊かにすることもできるのだ。

前章でも伝えたけれど、商品は君が買ったときに初めて価値のあるものに変わる。君が支払ったお金は、最初に商品を売っている会社やそこで働く人のもとに渡り、その商品をつくるための原材料や部品などを提供している会社やそこで働く人にも渡る。すると、こうした会社が、君の払ったお金をもとにさらに魅力的な商品を開発したり、そこで働く人がほかの商品を購入したりして、新たな価値がどんどん誕生していくようになる。

君がお金を使うことは、誰かの人生を楽しくすることや、社会全体を豊かにすることにつながるのだ。これを覚えておいてほしい。誰にも買われない商品は、価値がゼロのまま処分され、誰も喜ばず、社会も豊かにならない。

＊ムダづかいの三大原因は「見栄」「なんとなく」「付き合い」

君はお金を使っているとしても、ムダにしてはいないだろうか。「ありたい自分」と「生活」のため以外にお金を使っているなら、すぐにでもやめたほうがよい。とくに「見栄」「なんとなく」「付き合い」はムダづかいの三大原因なので注意しよう。

見栄は、君のやりたいことを見えなくすると伝えたけれど、お金を使うときも同じだ。ここで知っておいてほしいのは、僕たちには「人から認められたい」「自分で自分を認めたい」という承認欲求があること。この欲求は、誰もが先天的に持っているものなので、それを恥じる必要はない。けれども承認欲求を満たすためにお金を使いだすと、君の本当に欲しいものが見えなくなり、お金はいくらあっても足りない状態になる。なぜだろうか。

それは、僕たちは他人と比べることで自分の立ち位置を確認する動物だからだ。ここで比較対象となるのは、だいたいの人が憧れるもので、身近な人より高級なバッグを持っている、アクセサリーを身につけている、カッコいい車に乗っている、人気エリアに住んでいるなどだ。こうしたものにお金を使っていると、ＳＮＳや職場、学校などで他人から「いいね」「すごい」と言われ、「すごい自分」を続けなくてはいけないと思うようになる。すると、自分より物質的に豊かな生活をしている人はつねに存在するので、さらによいものが必要になり、お金が足りない状態になっていくのだ。

君が本当に欲しいものは、他人と比較して承認欲求を満たす状態ではないはずだ。見栄消費には気をつけよう。

なんとなくお金を使ってしまうのにも注意したい。これまでの買い物歴で、君にも明確な理由がないのに何かを購入してしまった経験はあるはずだ。脳科学の分野では、人間の行動は5％の意識と95％の無意識から成り立っているとの知見がある。つまり、僕たちの消費行動も、95％は無意識で商品を選んだり、その商品の購入を決めたりしているのだ。なんとなくの気分でお酒を飲んだり、仕事帰りにコンビニに立ち寄って、なんとなくホットスナックやお菓子を買ったりするのには気をつけよう。本当に必要なものに衝動的に気づくのは稀だ。衝動的に何かが欲しいと思ったときは、大半のケースにおいて買わないほうがよい。購入する前には、「ありたい自分」か「生活」のために本当に必要なのかを考えよう。

人との付き合いを理由にムダなお金を使ってしまうこともよくある。

気心の知れた仲間と一緒に出かけて、楽しい時間をともに過ごすのは心が豊かになるので大切だ。ただし、付き合いが悪いと思われないために、飲み会に参加したり、職場の愚痴や自慢話を語り合う生産性のない食事会に行ったり、強く誘われたので気乗りしないまま買い物に付き合ったりと、自分が楽しめない付き合いをするのはやめたほうがよい。誘いを断ると気まずさや孤独を感じるときがあるかもしれないけれど、**君が本当に楽しいと思う付き合いのみが豊かな生活に直結する。**それ以外のために大切なお金と時間を使うことはやめるようにしよう。

＊ものを買うときはつくった人に感謝をしよう

君の生活は食べ物やスマホ、電気など必要なものを購入することで成り立っている。そして、これらの価値は、君が誰かのために価値のある何かをつくっているのと同じで、誰かによって君のためにつくられている。だからこそ価値の対価として支払うお金とともに、つくった人へ感謝の気持ちを持ったほうがよい。そもそも必要なものがあるおかげで生活ができているわけだし、つくった人が一番うれしいのは消費者から感謝されたときだ。また感謝を込めてお金を使うと、ものが大切にできるようになるし、本当に必要なものとそうでないものの区別もつくようになる。つくった人へ感謝できるか否かがものを買うときの判断軸になるからだ。

僕は、平日にはお金をほとんど使わないけれど、一日のなかで何十回と感謝をしている。

朝食のとき、実家で収穫したおいしい米を食べ、農作業を一緒にしてくれた家族や、米を群馬から大阪の自宅まで運んでくれた西濃運輸に感謝をする。通勤の途中に駅の改札を交通系ＩＣカードのＰｉＴａＰａで通り抜けたとき、スムーズな通過ができたと三井住友カードに感謝をし、会社まで僕を運んでくれるＪＲ西日本に感謝をする。電車のなかで経済や政治などの情勢を知るために新聞を読み、日経新聞の記者や新聞社などに感謝をする。帰宅して灯りをつけたときには、自宅に明るい光を運んでくれる中央電力に感謝をする。喉の乾きを癒すために丸粒麦茶を1杯飲み干せば、大阪水道局と浄水器のクリンスイと麦茶メーカーのはくばくに感謝をするし、リラックスした夜に欠かせないウィスキーを飲んだときはサントリーに感謝をする。寝心地のよいベッドに入ればキングスダウンに感謝をし、僕の成長を助けてくれて人生をより楽しくしてくれる本を読んで著者と出版社に感謝をする。これが僕の典型的な一日だ。僕は使っているブランドを変えることはほとんどない。なぜなら、それらが僕の生活に潤いをくれるブランドで、そこで働く人たちが提供する価値をとても気に入っているからだ。

＊僕のお金の使いかた

僕は、ユニバーサル・スタジオ・ジャパンで得た収入のうち、いまのために使うと決めているお金の2割くらいはありたい自分のため、8割くらいは生活のために使っている。この割合は、働き始めてから21年間ほとんど変わっていない。ありたい自分のために使うお金は、仕事ができるようになるため、仕事以外のやりたいことをするための二つに分けられる。

仕事ができるようになるためのお金は、もっぱらビジネスや投資の本が多くを占める。いままで仕事に活かせるたくさんの良書に出会ってきた。15年くらい前に買って、いまでも読み返すことがあるデール・カーネギーの『人を動かす』（創元社）は、僕が出会った典型的な良書の一つだ。マーケターにはリーダーシップが必要と伝えたけれど、ユニバーサル・スタジオ・ジャパンでさまざまな仲間と働くうえで、この本は僕のリーダーシップの指針となっている。

仕事以外のやりたいことに使うお金については、家族との旅行、実家で農業をするための帰省、仲間とのお酒、仕事以外の本、親戚へのお年玉などに使っている。どれも楽しい時間だったり、大切な人の喜ぶ顔が見られたりして、僕の心を豊かにしてくれる。

ありたい自分と生活のためにお金を使っているおかげで、僕はつねに「ありたい自分になろう」と前向きな気持ちでいられるし、毎日を楽しく過ごすことができるのだ。

２　借金が許されるタイミング

＊借金は満点必須の信用テスト

君は借金をしているかもしれない。奨学金や自動車のローン。いまはしていなくても、いずれかのタイミングで考えるときがあるはずだ。そこで、借金はどういう場合にして、どういう場合にしてはいけないのかを理解しておいてほしい。

借金は他人からお金を借りる行為だけれど、他人が君にお金を貸す理由は、家族や友人などでない限り、期日通りに満額の返済と利息を受け取れると期待し、君を信用しているからだ。返済ができないと君は信用をなくし、それ以降にお金を借りるのがとても難しくなる。

お金はみんなにとって大切なので、お金を返せない人は大切な約束を守れない人間とレッテルを貼られて、仕事でもプライベートでもよい人間関係はつくりにくくなる。好きな仕事で成果を残したり、大切な人と楽しい時間を過ごしたりする生活もできづらくなる。つまり、楽しい人生を過ごすのが難しくなるのだ。

なので、借金をした場合は必ず返済しなくてはいけないと頭に入れておいてほしい。

＊借金をしていいのは返済額以上の見返りがあるときだけ

借金は必ず返済しなくてはいけない。では、将来の収入を前借りして利子を支払ってまで借金をすべきときはどんなときだろうか。**それは、借金の金額以上の見返りが見込めるときだ。例外はない。**君の人生で一番大きな買い物になるかもしれない住宅を購入するときもだ。

住宅について詳しく説明しよう。住宅は、「賃貸がよいのか購入がよいのか」の議論がちまたでずっと続いているけれど、これには一般論としての結論がない。その理由は二つある。一つは50年間の費用はどちらも大して変わらないこと（図表2-1）。もう一つは、賃貸と購入のメリットとデメリットの受け止めかたが、人によって異なることだ。

ただ僕が考えるには、今後、借金をしてまで住宅を買う価値はない。まず住宅を購入する場合は、最大のデメリットである「ライフステージの変化に合わせた引っ越しの自由を失うリスク」を取らなくてはいけない。さらに、進む人口減少で住宅の買い手や借り手を見つけにくくなるので、割安で売却したり賃貸したりするリスクも取らなくてはいけない。購入する場合は、こうしたリスクを考慮したうえで、50年後でも住宅が資産として残る物件を探す

図表２-１　50年間でかかる住宅と賃貸の費用比較（３人暮らし）

（万円）

	賃貸	購入	賃貸－購入
年額（１～35年目）	125万円	157万円	−32万円
年額（36～50年目）	125万円	53万円	72万円
頭金		321万円	−321万円
50年間	**6250万円**	**6626万円**	**−376万円**

物件価格：3,000万円、諸経費：210万円
借入金額：2,889万円（3,210万円〈購入価格＋諸経費〉−321万円〈頭金〉）
返済期間：35年、元利均等、固定金利：1.4%
管理費：145円/m^2、修繕積立費：200円/m^2、敷地面積：70m^2
固定資産税：物件価格の0.8%（当初減免の考慮なし）
賃貸：家賃10万円（管理費含む）、更新料：２年に一度10万円

上記の前提をもとに筆者が試算。住宅購入の場合、ローン返済後は維持費のみ。実際の計算は四捨五入前の値を用いているため、上記の表の値をもとに計算しても、結果は必ずしも表の値と一致しない

べきだ。ただ、ある程度の資産として残る物件を見つけるのは至難の業だ。価格が相対的に落ちにくい首都圏でも、現在の実売ベースで見ると、築30年のマンション価格は築０〜５年と比べて約６割下落している（次ページ**図表２-２**）。人口減少がさらに進むこれからの時代において、新築から50年後の価値がより大幅に下がることは容易に想定できる。要するに、購入する経済的なメリットはなく、借金以上の見返りは期待できないのだ。

　50年間における費用は賃貸も購入も変わらないこと。購入した場合は50年後の住宅が資産として残らない可能性が高いこと。この二つはわかってもらえたはずだ。さらに、僕が借金してまで住宅を購入する価値がないと考

図表2-2　首都圏における築年数別の中古マンション価格（成約ベース、m²単価）

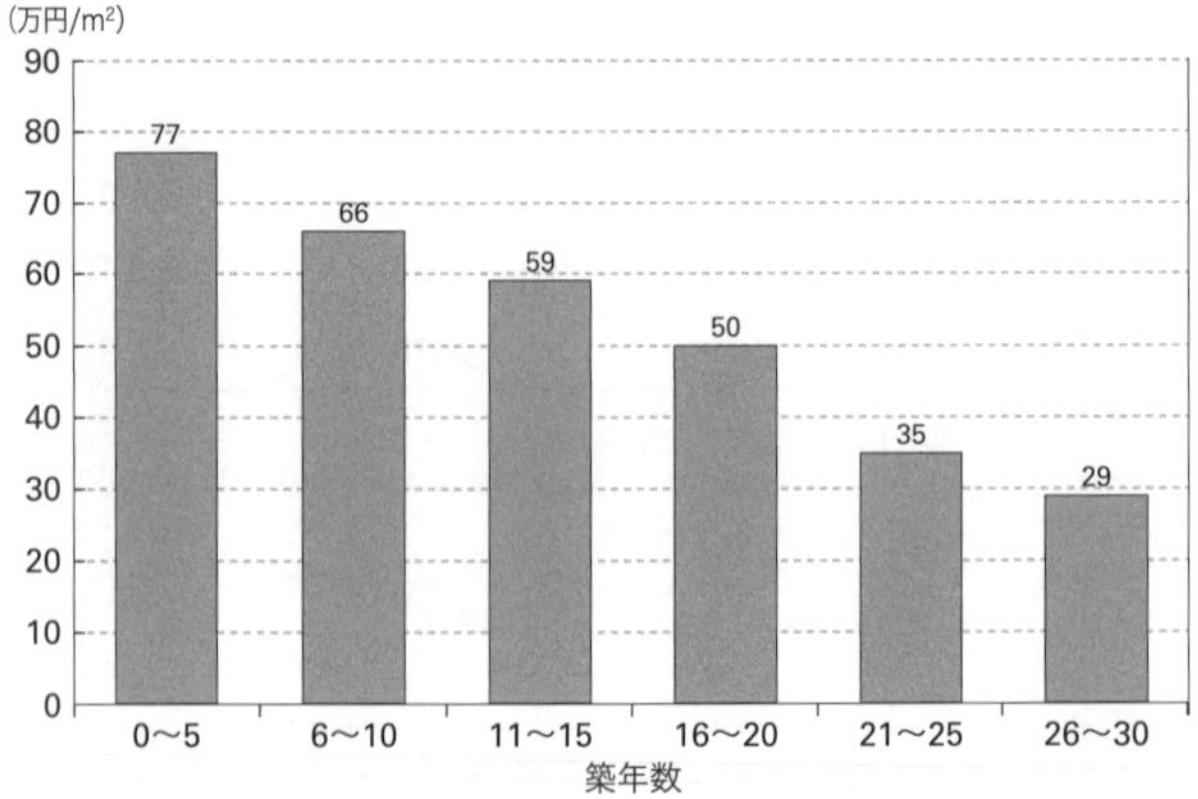

出所）公益財団法人　東日本不動産流通機構「築年数から見た首都圏の不動産流通市場（2017年）」

える理由はもう一つある。住宅を購入した場合は、ローンの返済や固定資産税などの費用がかかるので、返済期間中は賃貸よりも負担が大きくなるのが一般的だけれど、この多くかかる費用の金額分を、賃貸を継続しながら積み立て投資に回せば、住宅を購入するよりずっと大きな資産を築くことができるのだ。

僕のおすすめは、知識と経験がまったくなくてもできる世界経済への積み立て投資だ。詳しくは原則3で伝えるけれど、住宅を購入した場合に返済が終了する35年後には、平均的なケースの場合、積み立て投資で4700万円くらいの資産が築けていると予測できる。この資産の運用を続けると、生涯にわたって資産を減らさずに家賃が支払えるようになるのだ。加えてその資産は、必要な老後資金の大きな助けにもなる。世界経済への投資の具体的な方法については原則4で伝えていく。ここでは、賃貸にして、住宅を購入した場合のローン返済期間中に賃貸より多くかかる費用分を誰にでもできる投資に回せば、住宅を購入するよりも経済的な利益が得られて、住宅の不安も生涯なくなると覚えておいてほしい（住宅についても原則3でさらに詳しく説明していく）。

僕は、25年以上ずっと賃貸マンションに住んでいるけれど、住宅を購入せずに世界経済への積み立て投資にお金を回したおかげで、いまは資産をまったく減らさずに投資の見返りだけで家賃を支払えている。ユニバーサル・スタジオ・ジャパンで、ゲストに興奮と感動を提供した対価として得た収入は、家賃以外の必要な生活費やほかのやりたいことに使えているのだ。

住宅のほかにも自動車、家具、家電、友人の結婚式など、お金が足りなくて借金を考えるときがあるかもしれない。そうしたときは、三つのムダづかいを思い出して、本当に必要なのか、借金以上の見返りがあるのかを考えてほしい。

借金をした金額以上の見返りが得られる場合は、借金をすべきだ。やりたい仕事ができるようになるために君自身へ投資するお金や、君が本当に大切な人のやりたいことを応援するために使うお金は、借金の金額以上の見返りを得られる可能性は高い。仕事ができるようになって、君が提供できる価値がいまより大きくなれば、多くの人に喜んでもらえて収入も増加する。本当に大切な人のやりたいことを応援できた喜びにも、計り知れない価値がある。

しかし、こうした場合でも、借金の金額は将来の収入から返せる範囲内でなくてはならない。どのような生活をするかによって大きく異なるけれど、返済額は毎月の所得（手取りの収入）の10～15％以内に収めるようにしよう。これ以上は君の生活を苦しめる可能性があるからだ。この範囲内に収まらない場合は、もっと大きな価値をつくれるようになることにまず焦点を当て、収入を増加させるのだ。やりたいことができなかったり、大切な人を応援できなかったりするのは辛いけれど、その気持ちを原動力にして、もっと大きな価値づくりを目指してほしい。

＊僕がした悪い借金とよい借金

僕は17歳のときに初めて借金をした。30年前の当時としては最大の37インチのブラウン管テレビを購入するためだ。大工の仕事中に立ち寄ったコジマで見つけてその大きさに興奮し、最後の1台の在庫を確保してもらって、親の名義でローンを組んで購入した。42万円くらいだったと記憶している。一括支払いもできたけれど、貯蓄が減るのは嫌だったし、2年かけて返せば毎月の返済額は大して気にならないだろうと考えて借金をした。

この借金は失敗だった。最初の1〜2カ月は、大迫力の画面でテレビを見るのは楽しかったし、友だちが遊びにきて驚く姿を見るとよい気分になった。ただ、次第に慣れてくると、7畳の部屋には大きすぎて必要ないと感じ始めた。気にならなかった毎月の返済も負担に思うようになり、半年くらい経ったころには、「必要以上に大きなテレビを、借金までして買ってしまった」と後悔するようになっていた。借金までしたこの買い物は、本当は必要ではないものを、お金があるにもかかわらず利子まで払って衝動的にした浪費だったのだ。

一方で、一番最近した借金はよいものだった。僕は2016年の2月、二つの企業に投資をするために数千万円のお金を借りた。このときは、高成長を続けていた中国経済が減速するのではないかと不安が蔓延していて、株式市場が年初から大幅に下落した「チャイナショック」の第二波の真っただ中。でも僕は、たとえ中国経済が減速したとしても投資する二つの企業の成長は止まらないと判断し、リーマンショック以上の大暴落があっても、返済できる範囲内で借金をした。投資した企業の一つは、新規の投資先で人材サービス事業を展開しているウィルグループ。もう一つは追加投資で、2015年から投資をしていた情報インフラとアプリ開発事業を展開しているテクマトリックスだ。この2社はどちらも想定通りに成長してくれて、投資した資金はそれぞれ4~5倍になり、借金額以上の見返りを得ることができた。

3 年金は必ず払いなさい

＊年金が破綻しない三つの理由

人生100年時代と言われているなか、おそらく君は老後の生活に不安を感じているはずだ。「いまは老後資金の柱となっている年金も、自分が受け取るころにはどのくらい減額されているのか、そもそも年金の制度が破綻しているのではないのか」と思っているかもしれない。

ただ、そう思っていたとしても、年金は必ず払ったほうがよい。まず、年金制度には破綻しない三つの理由があるのだ。一つは、年金制度を破綻させてしまうと、政府にとって制度を維持するより莫大な費用が必要になるからだ。老後にもらえる国民年金の半分は政府が負担していて、２０１８年の年金財政収支によると、その額は年間11兆円ほどだ。年金制度が破綻した場合、最初は受給者個人の財産で賄えても、いずれは４０００万人くらいの年金受給者の大半が生活できなくなる。そうなると政府は年金受給者に対して、最低限の生活ができるように生活保護制度を通じて生活費を全額支払わなくてはいけない。１人あたりの支給額も支給者数も激増し、政府はいまの何倍もの額を支払わなければいけなくなる。費用負担の視点から、政府は年金制度を絶対に維持しなくてはいけないのだ。

二つめの理由は、政府が年金制度を維持するために「マクロ経済スライド」方式を導入していること。マクロ経済スライドとは、人口減少による年金制度の加入者数の減少、平均寿命の伸び、賃金や物価変動などの経済状況を考慮して、年金の給付額を自動的にカットできる制度だ。２０１９年の「財政検証（経済：ケースⅢ、人口：中位）」によれば、40歳より若い場合、受け取れる年金額は現在より2割くらい減少するけれど、制度の維持には役に立つ（正確には、所得代替率が2割くらい減少するのだけれど、給付金額と捉えても大勢に影響はない）。

年金制度が破綻しない三つめの理由は、年金の積立金が運用されていることだ。僕らが支払っている年金保険料は一部が積み立てられていて、国内外の株式や債券などに投資されている。大きなリスクを取らない保守的な運用がされていて、２００１年から２０１８年までの成績は年率で３％程度。このおかげで年金を支払う原資の一つになっている積立金残高は、年金の支給額が増加しているにもかかわらず、この10年間でむしろ増えていて、２００８年度は総額１７２兆円だったのが、２０１８年度は２０１兆円になっている（年金積立金管理運用独立行政法人）。

これら三つの理由で、年金のもらえる額は減るけれど、制度は破綻しないと考えるべきだ。

＊年金を払ったほうが得する三つの理由

君は、年金制度が破綻しないとわかったとしても、もらえる金額は減少するし、払ったら損をするのではないかと不安があるかもしれない。しかし、年金は払ったほうがよい。ここでの理由も三つある。

一つめは、払ったほうが**経済的に得をする**からだ。国民年金の場合、60歳まで年金の保険料を支払い65歳から受け取るとすると、受給額が約2割減ったとしても、君が77歳になるときには元が取れる（**図表２-３**）。厚生年金の場合も同じで、平均年収である５２７万円（モデル世帯）で計算すると、60歳まで保険料を支払って65歳から受給開始すれば、77歳で元が取れるのだ。さらに君に配偶者がいてパートナーの年収が１３０万円未満なら、配偶者は年

図表２-３　年金の元を取るのに必要な年数（国民年金の場合）

保険料

月額 1.65万円 × 12カ月 × 40年間 ＝ 累計 794万円

受給額

65歳＋12.3歳＝**77.3歳**

月額 5.36万円 × 12カ月 × 12.3年間 ＝ 累計 794万円

出所）厚生労働省「2019年財政検証（経済：ケースⅢ、人口：中位）」の受給額をもとに筆者が試算

計算には四捨五入前の値を用いているため、上記の式は計算結果と累計額が必ずしも一致しない

図表２-４　年金の元を取るのに必要な年数（厚生年金の場合）

保険料

月額 4.0万円 × 12カ月 × 40年間 ＝ 累計 1,928万円

受給額（単身）

65歳＋12.6歳＝**77.6歳**

月額 12.8万円 × 12カ月 × 12.6年間 ＝ 累計 1,928万円

受給額（夫婦で１人扶養）

65歳＋8.8歳＝**73.8歳**

月額 18.2万円 × 12カ月 × 8.8年間 ＝ 累計 1,928万円

出所）厚生労働省「2019年財政検証（経済：ケースⅢ、人口：中位）」の受給額をもとに筆者が試算

計算には四捨五入前の値を用いているため、上記の式は計算結果と累計額が必ずしも一致しない

金の保険料を支払わずに国民年金をもらえるので、この場合は73歳で元が取れてしまう（前ページ図表2－4）。人生１００年時代に突入したいま、年金は払ったほうが経済的に得なのだ。

二つめの理由は、**年金は保険にもなる**制度だからだ。国民年金に加入していれば、仮に君が障害者になったときには、障害年金が支給される。支給額は障害の度合いによるけれど、一級の障害者の場合は年額97万円ほどで、子どもがいれば１人につき追加でさらに約22万円が支払われる（３人目以降は減額）。また君が亡くなったときには、遺族年金が支払われ、君の大切な家族に年額で約78万円、子ども１人につき追加でさらに約22万円支払われるのだ（３人目以降は減額）。

最後の理由は、君が老後といまをより前向きに見られる**安心感が持てる**からだ。受給額と生活様式にもよるけれど、おそらく年金だけでは君の老後の生活費はまかなえないだろう。それでも一定の金額をずっと受け取れるのは、老後生活のベースになるのは間違いない。老後に一定の金額が入ってくるとわかっていれば、いま経済的なリスクを取って何かに挑戦することだってできるはずだ。

実際に僕が経済的なリスクを取って投資を続けていられるのは、一定の金額が老後に入ってくる安心感も一助になっている。市場が大暴落しているときでもリスクを取って投資を続け、20年間で元本を３００倍にできたのは、この安心感のおかげでもあるのだ。

◎「原則２：お金は楽しく使いなさい」のまとめ

・使いかたに気をつければお金は人生も社会も豊かにする
・「見栄」「なんとなく」「付き合い」はムダづかいの三大原因
・買ったものに感謝する習慣が身につくと、本当に必要なものが見えてくる
・お金は「ありたい自分」と「生活」のために使う
・借金は返済額以上の見返りがあるときにだけ、返せる範囲内でする
・年金は経済的にも得で、心に余裕が持てるので必ず払う

原則3　いまも将来も犠牲にせずお金を貯めなさい

1　貯蓄は人生の楽しみを描きながらするもの

＊貯蓄の楽しい目的を持ちなさい

君には貯蓄をしていてもしていなくても、貯蓄とは何かを知っておいてほしい。貯蓄は何のためにするのだろうか。老後の生活のため、将来の住宅資金のため、子どもの教育環境を整えるため。どれも間違いではない。ただ忘れてほしくないのは、それは楽しい未来のための貯蓄であるということだ。楽しみを見いだせないまま漠然と貯蓄をするのも、将来の楽しみがないからと貯蓄をしないのもいけない。**貯蓄は、将来の楽しみを描きながらするもの**なのだ。

貯蓄をしたいのにできないのだとしたら、理由は二つのうちいずれかのはずだ。一つは、貯蓄をするためのノウハウとモチベーションのどちらか、もしくは両方ともが不足していることだ。そこで、一番大切になるのが目的を持つことだ。

結婚したいのか、どんな家に住みたいのか、どんな老後を過ごしたいのか。将来のことはわからないと思うかもしれないけれど、君が楽しいと感じる人生は、いまの君がやりたいことの先に必ずあるから、少し考えてみてほしい。

大切な人と年に何回か旅行をして、週末はゆっくり趣味にいそしむような老後生活だっていい。帰るのが楽しみで仕方ないくらいに、リラックスできる家に住むことだっていい。子どものやりたいことを応援することだっていい。いまやりたいことの先を見れば、自然と楽しい将来を想像できるはずだ。

将来の楽しい生活をイメージして目的を持てるようになると、それは貯蓄を楽しく続けるモチベーションになる。いつまでにいくら必要なのかといったゴール設定のしかたや、貯蓄のノウハウについてはこの原則の後半で詳しく伝えていこう。

貯蓄ができないもう一つの理由は、所得が低くていまの生活で手一杯なことだ。生活をしていくために必要な最低限のお金については、生活保護の受給額が参考になる。生活保護制度によると、健康で文化的な生活ができる最低限の生活費は、20～40歳の独身で東京23区に住んでいる場合、月に13万円ほど。地域、年齢、家族形態などによって変わり、僕の住んでいる大阪だと12万円くらいだ（厚生労働省）。厚生労働省のホームページで調べれば、君に合わせた最低限の生活費もすぐにわかるだろう。

君がお金を楽しく使いながら生活していくためには、最低限の生活費とは別に、自由に使えるお金も必要だ。調査によると、20～50代の小遣いは平均で2万6000円（明治安田生命「『家計』に関するアンケート調査」、2020年）。なので、生活保護の受給額より2万～3万円は上乗せした所得が必要だと想定できる。君の所得がこの金額以下だとしたら、いま貯蓄をするのはやめたほうがよい。将来のためにいまを犠牲にすることになり、生活がより苦しくなるからだ。こうした状態にいるときは、所得を増やすためにも、君の好きな仕事をして、より大きな価値をつくっていこう。貯蓄は所得が増加してから始めればよい。

所得はあるのに貯蓄に必要な金額を捻出できない場合は、支出の見直しをしよう。見直しのやりかたについても、この章の後半で詳しく伝える。

＊僕の貯蓄の歩み

10代のとき、大工でお金を稼ぐようになった僕は、もっぱら趣味にお金をつぎ込んでいた。バイクのパーツやガソリン、ライブチケット、CD、音楽機材、仲間とのカラオケや外食。いまやりたいことばかりにお金を使っていたのだ。

幸いにも実家生活のうえ、家にお金を入れてもいなかったので、多少の貯蓄をすることはできた。でも当時は人生を豊かにする貯蓄のやりかたなんて知らない。銀行口座に貯まっていったのは、目的やゴールのないお金だった。

でも20代になってユニバーサル・スタジオで働き始めた僕は、目的を持って将来のために投資をするようになった。大学生のときにいろいろな場所へ行き、すっかり旅行好きになっていた僕は、生涯にわたって日本と世界中を旅行したいという目的ができたのだ。それに、いずれ働かなくなるときがきても住居や生活に不安がない状態で、本を読んだり書いたり、カラオケをしたり、お酒を飲んだりしながら充実した日々を過ごしたいとも考えていた。エンターテイメントの夢を叶えるため、お金が必要になるかもしれないとも想定していた。

こうした目的のもと、「いつまでにいくら必要か」というゴール設定をして、いまの生活も楽しめることを確認したうえで、毎月の給料から20%をすべて投資に回すようにしたのだ。将来の目的を持ったおかげで資金を増やすのは楽しくなっていた。

ユニバーサル・スタジオで働いて10年が過ぎたあたり、30代の折り返し地点に差し掛かったころには、毎月の給料の50%を投資に回せるようになった。仕事ができるようになって大きく給料が上がったこと、投資のノウハウが身についたこと、支出を削減するテクニックが身についたことが主な理由だ。このころには子どものやりたいことを応援するという目的も加わって、将来に必要なお金は増えていたけれど、投資している企業の配当金の一部を教育資金に回すことで、運用資金を減らすことなく、教育費の貯蓄も増やせるようになっていた。新たな目的ができて、貯蓄はさらに楽しいものになり、投資と支出削減のノウハウが身についたおかげで、効率的に貯蓄ができるようになっていく安心感も得られるようになった。

そして40代のいま。世界経済への投資による運用益だけで住居費を賄えるようになり、給料の80%を投資に回せるようになった。子どものやりたいことを応援するための教育資金はこれまでに貯蓄できたので、目的は一つ減ったけれど、より大きな価値を創造していく企業を応援するという新たな目的が加わった。投資を続けてきたなかで、社会に素晴らしい価値を提供している多くの企業と出会い、応援したいと思うようになったのだ。現在は、旅行やお酒、本などにお金を使って生活を充実させながら、楽しい将来を想像して資金を増やし続けている。

僕の貯蓄の目的は、20代のときからずっと変わらないものもあれば、楽しいことを追求していたら途中で加わったものもある。ただ、いずれにしても自分の**好きなこと・やりたいことの先に将来の目的を持つようになったおかげで、貯蓄ができるようになった**のだ。

２　君の楽しい将来に必要なお金の求めかた

＊住宅資金

楽しい将来のため、どのくらいの資金が必要になるのだろうか。それは将来やりたいことによって違うけれど、住宅、教育、老後などの基本的なライフイベントに必要なお金の求めかたを紹介していくので、これらを踏まえながら君に合った必要額を考えてみよう。具体的に必要な額がわからないと、毎月、貯蓄すべき額もわからない。

まずは住宅資金の話をしよう。原則２で伝えた通り、生涯を通して賃貸で暮らしていくなら、住宅を購入した場合に必要な資金（頭金、ローンの返済金、修繕積立金、管理費、固定資産税）と賃貸でかかるお金（家賃、管理費、更新料）の平均的な差額を積み立てればよい。まずは、住宅を購入する場合の頭金と同額を目指して貯蓄をしていこう（もちろん、貯蓄をしながらそのお金を投資に回してもよい）。３人暮らしの家族が住宅を購入するときに支払っている頭金の平均は、物件価格の約10・7%だ（住宅金融支援機構）。３０００万円のマンションの場合は、約３２１万円になる。君が老後を迎える30〜35年前までには、この金額を貯蓄しておくのだ（もし住宅を購入して30～35年のローンを組む場合は、老後の負担を避けるため、それまでにローンを完済するのがよい。賃貸の場合も、あえて同じ前提で考えるのだ）。

頭金と同額の貯蓄が完了したら、購入した場合に毎月支払う住宅ローンの返済金額（管理費などを含む）と、賃貸で支払う家賃（管理費を含む）の差額を貯蓄し始めよう。一般的に、新築マンションの価格は、間取り・駅からの距離といった条件が同じ賃貸物件の家賃月額の300倍くらいだ。その前提で試算すると、3000万円の新築マンションを購入した場合なら、平均的な差額は2万7000円だ（図表3-1）。

将来、君が結婚するとき、結婚相手も同様に平均的な差額を貯蓄していたら、君に必要な貯蓄額は半分になる。ただし、将来の結婚相手の経済状況をいま把握するのは難しいかもしれないので、伝えた差額を君が貯蓄しておこう。

君がずっと独身でいたいと思うなら、住宅費は半分くらいになる。1500万円の新築マンションを購入した場合で考えると、頭金は約161万円だ。住宅ローンの返済額などと家賃（管理費含む）の差額の平均は1万円くらいになる（図表3-1）。

購入と賃貸の費用における平均的な差額を毎月積み立てて、頭金と一緒に世界経済に投資した場合の資産も紹介しておこう。さっきの例で紹介した3000万円のマンションを購入

図表3-1　住宅購入の場合と賃貸の場合における毎月の支払額の差

3人暮らしの場合

	購入	賃貸	購入－賃貸
家賃		100,000円	－100,000円
更新料		4,167円	－4,167円
ローン返済額	87,048円		87,048円
管理費・修繕費	24,150円		24,150円
固定資産税	20,000円		20,000円
合計	131,198円	104,167円	27,031円

物件価格：3,000万円、諸経費：210万円
借入金額：2,889万円（3,210万円〈購入価格＋諸経費〉－321万円〈頭金〉）
返済期間：35年、元利均等、固定金利：1.4%
管理費：145円/m²、修繕積立費：200円/m²、敷地面積：70m²
固定資産税：物件価格の0.8%（当初減免の考慮なし）
賃貸：家賃10万円（管理費含む）、更新料：2年に一度10万円

一人暮らしの場合

	購入	賃貸	購入－賃貸
家賃		50,000円	－50,000円
更新料		2,083円	－2,083円
ローン返済額	43,539円		43,539円
管理費・修繕費	8,625円		8,625円
固定資産税	10,000円		10,000円
合計	62,164円	53,083円	10,081円

物件価格：1,500万円、諸経費：105万円
借入金額：1,445万円（1,605万円〈購入価格＋諸経費〉－161万円〈頭金〉）
返済期間：35年、元利均等、固定金利：1.4%
管理費：145円/m²、修繕積立費：200円/m²、敷地面積：25m²
固定資産税：物件価格の0.8%（当初減免の考慮なし）
賃貸：家賃5万円（管理費含む）、更新料：2年に一度5万円

上記の前提をもとに筆者が試算

図表3-2　住宅購入費用と賃貸費用の差額を世界経済に投資した場合の資産推移

前提
投資開始時の資産：321万円（頭金相当額）　毎月の積立金：2.7万円
年間リターン：5％

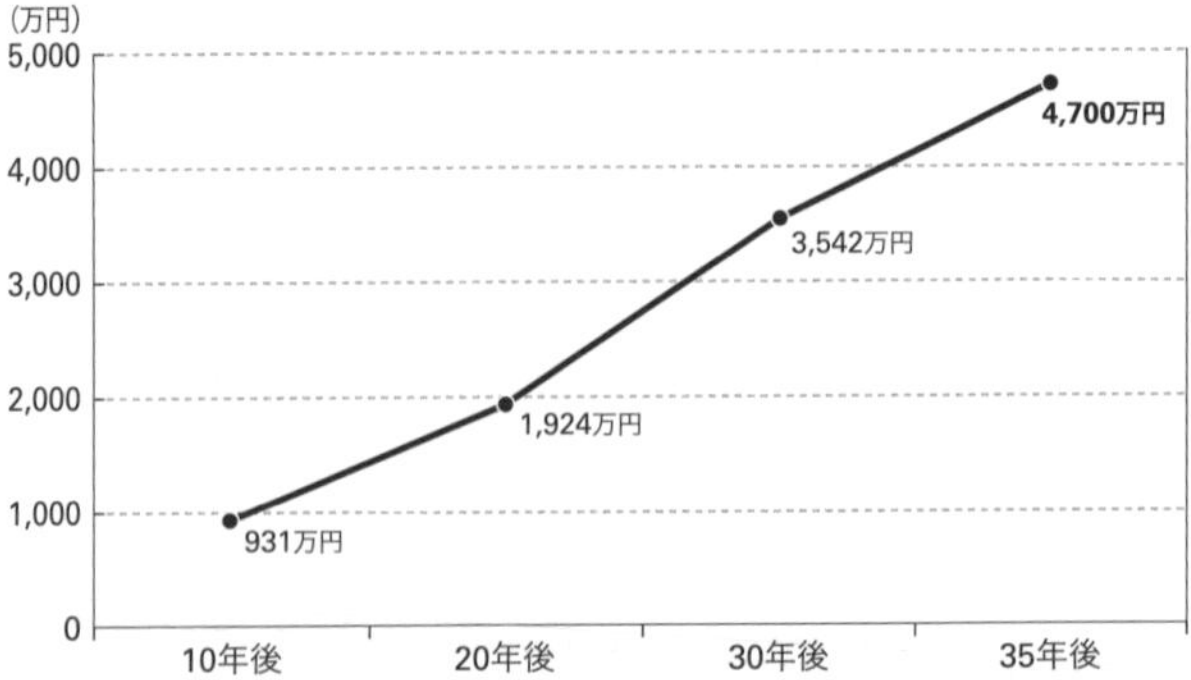

上記の前提をもとに筆者が試算

した場合との差額だと、ローンが終了する35年後にはやや保守的に見ても、４７００万円の資産が築けていると想定できる（**図表３-２**）。世界経済の投資については原則４で伝えていくけれど、４７００万円の資産ができれば、生涯における住宅費を心配する必要はなくなるはずだ。なお、頭金の貯蓄についても、世界経済に積み立て投資をしたら効率的に貯まる。15年で頭金の３２１万円を確保するには、貯蓄なら月に１万８０００円（３２１万円÷15年÷12カ月）必要だけれど、世界経済へ投資したなら、月１万２０００円に抑えられる（年間リターン５％）。

住宅価格は、エリアや物件によって大き

く異なるけれど、気にする必要はない。とにかく、**購入した場合と賃貸に必要な資金の平均的な差額を投資していけば、住宅資金の心配はなくなる。**住宅資金についてはまずはこれを覚えておいてほしい。

どうしてもマイホームを持ちたいと思うときもあるだろう。それに物件によっては購入したほうが毎月の支払うお金が減るときもある。ただ、どんな場合でも、40歳くらいになるまでは待ったほうがよい。なぜなら、住宅にも寿命があるからだ。

住宅の寿命は、今後の関連技術の進歩や住宅の構造、修繕管理の状況などで一概には言えないけれど、ある程度の修繕管理をしているのを前提に、60～80年と言われている。保守的に60年とすると、君が１００歳まで生きるとした場合、新築の住宅を35歳で購入したら、95歳のときに住宅の寿命がきてしまうのだ。もしかしたら住宅の寿命はもっと長いかもしれないけれど、君の寿命はそれよりもっと長いかもしれない。生きているうちに住宅の寿命がきて建て替えなくてはいけなくなったら、そのときの費用は、もう一度物件を買い直すくらいの金額になることもあるのだ。おそらく君の人生で最大の買い物になる住宅購入において、ギャンブルはしないようにしよう。

これらも踏まえ、将来的には次の四つが当てはまるようになってから購入を検討すべきだ。

・生涯住み続けたいエリアが決まる
・夫婦のみでずっと生活していくなどのライフステージが決まる
・君の余命年数より長い余命年数の物件が見つかる
・割安な物件が見つかる

この四つが満たされていれば、購入の最大のデメリットである住み替えのしにくさが回避できて、賃貸を継続するより経済的なメリットが得られる。割安な物件のおおまかな目安は、**購入価格が毎月の家賃の２００倍以内**に収まっているかだ。２００倍以内なら、生涯の住宅費は賃貸を継続するよりも支出は少なく済む。基準になる家賃については、近隣の類似物件の相場を不動産サイトで調べればすぐにわかる。

購入する場合は、たとえ手持ちのお金があったとしてもそれは使わず、世界経済への投資のメリットを享受するために、**住宅ローンを固定金利で組もう。**たとえば固定金利で年利１・４％を支払わなくてはいけないとしても、世界経済へ投資をすれば、やや保守的に想定しても金利より高い５％の年間リターンを得られる（世界経済への投資によるリターンについては、原則４で伝えていく）。これを考慮すると、ローンが終了する35年後には、いまの手持ち金は５・５倍になるのだ（1〈手持ち金〉×1.05^35〈年間リターン^運用年数〉）。他方で手持ち金を頭金に回した場合は、ローンの返済額が手持ち金の約１・３倍少なくなる（固定金利１・４％、元利均等）。つまり、手持ち金を投資に回せば差分の４・２倍、得をするのだ。「手持ち金を使わないと毎月の返済額が増えてしまう」と心配する必要もない。いまの家賃の２００倍以内に収まっている割安物件なら、毎月の返済額は修繕積立費や固定資産税などを加えたとしても、家賃を上回る額にはならない。手持ち金は投資に回すべきなのだ。

固定金利と変動金利には、それぞれメリットとデメリットがあるけれど、金銭的には金利の上昇局面では固定、下降局面では変動が得になる。

金利はさまざまな要因で変動するけれど、もっとも影響するのは「経済」と「お金の信用」の二つだ。経済が成長していく過程では、企業や家計が投資や消費により多くのお金を必要とするので、限りのあるお金の金利は上昇する。経済が後退していく過程では投資や消費が減っていくので、多くのお金は必要でなくなり、金利は低下する。

二つめのお金の信用については、お金の発行元である政府の財政状態（収入と支出のバランス）が大きく関係する。たとえば、収入に対して支出が大幅に増えて政府の財政が不安定になると、政府の信用は低下する。すると、信用が低下した政府が発行している国債（政府の借金）の金利が上昇し、それに連動して住宅ローン金利を含むすべての金利が上昇するのだ（金融機関が信用の高くない人にお金を貸すときには、リスクの見返りとして、より高い金利を要求するのと同じ原理だ）。

世界経済が長期的に成長していくのは間違いないけれど、人口減少を迎えた日本経済がどうなっていくのかはわからない。政府や政府が発行する日本円の信用がどうなっていくのかを見極めるのも、とても難しい。金銭的にどちらが得かは結果論でしかないので、精神的に安定できる固定金利を選択しよう。**わからないことにギャンブルをするのはよくない。**

君が住宅の購入を検討するとき、変動金利の低さを謳《うた》い文句にした広告に触れたり、住宅販売をするスタッフに変動金利をすすめられたりするかもしれないけれど、耳を傾けないようにしよう。

＊教育資金

君に子どもができたとしたら、子どものやりたいことを応援してほしい。親としてすべき行動は、子どもに就いてほしい職業を期待したり、昔からある「よい人生の公式」の上を歩ませたりすることではないはずだ。子どもは、親の期待に応えようとする気持ちもあるので気をつけよう。もし君が「よい人生の公式」に沿うことを期待して、子どもがその期待に応えた人生をずっと歩んだら、子どもは人生の晩年を迎えたときに「やりたいことに挑戦しなかった人生だった」と後悔するだろう。子どもに人生を後悔させるのは、親が犯してはいけない最大の罪だと僕は考えている。

君がすべき行動は、子どもが興味を持つことを存分にやらせることで、好きなことがなんなのかを気づかせ、それができるように応援することだ。教育費はそのためのお金だと覚えておいてほしい。

教育費は、保育園から大学まですべて公立だった場合、平均９８１万円かかる。すべて私立だった場合は２５３４万円だ（次ページ図表3-3）。児童手当や教育費の無償化制度などがあるので、君の収入によっては保育園から大学まですべての段階で教育費の支援が受けられることもある（87ページ図表3-4）。

子どものやりたいことを応援する費用が賄えないときもあるかもしれない。そんなときは

図表3-3　大学卒業までにかかる子どもの教育費

前提
給食費と学校外活動費含む、大学は自宅通学

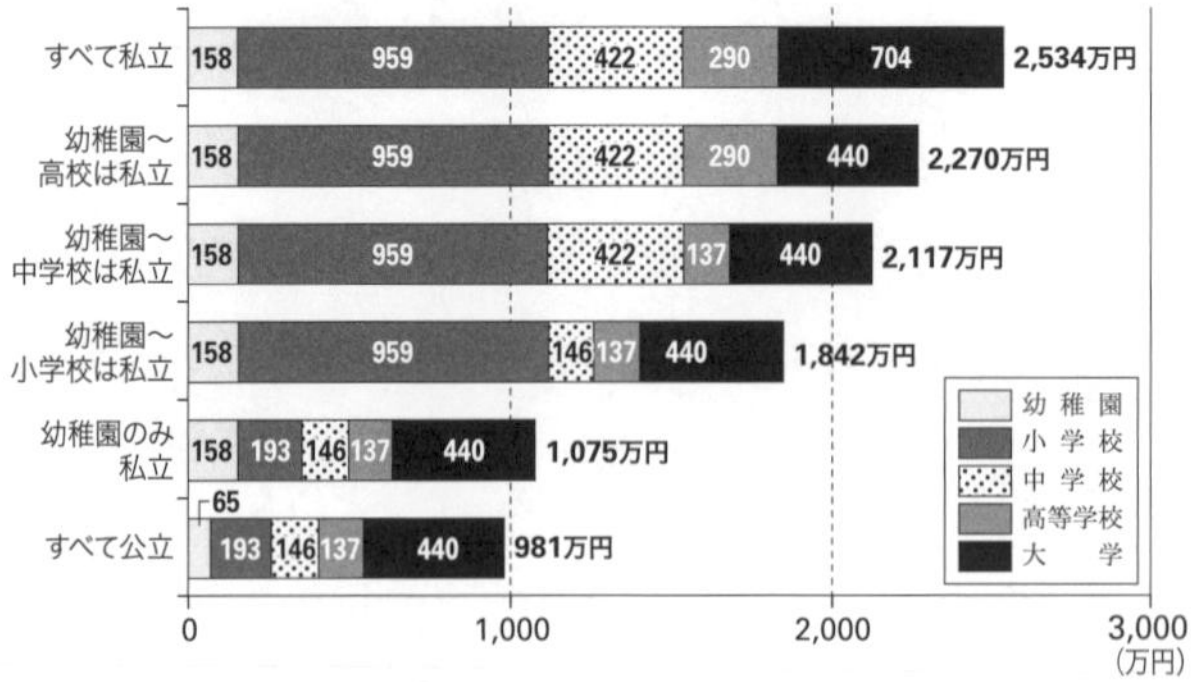

出所）文部科学省「平成30年度子供の学習費調査」、日本学生支援機構「平成28年度学生生活調査結果」
各累計額は四捨五入前の値を用いて計算しているため、グラフ中の数値を合計しても必ずしも累計額とは一致しない

借金を検討してもよい。子どもがやりたいことをしている姿を見るのは、借金の金額以上の見返りになるはずだ。この場合は、教育ローンを使うだろうけれど、注意してほしいのは原則2で伝えた通り、返済金額を毎月の所得の10～15％以内に収めることだ。これ以上は、君や君の家族の生活が苦しくなってしまう。ただ、それだと足りない場合もあるかもしれない。そんなときは奨学金でお金を借りて、子どもに将来返済してもらうことを検討しよう。じっくり話をして、子どもの本当にやりたいことをするために子ども自身に返済してもらうのだ。子どもも自分が返済しなくてはいけなくなったら、よ

図表3-4　各年代ごとの教育費の支援制度

	支援金額（各期間中）	支援を受けられる年収の上限	制度
0歳〜中学校卒業まで	約198万円	約875万円	児童手当
保育所（3〜5歳）	保育料無料	なし	保育の無償化
幼稚園	園料無料（上限:2.57万円/月）	なし	幼児教育の無償化
小学校	50万円前後	280〜420万円	市区町村の各種援助制度
中学校	25万円前後		
高　校			高等学校等の実質無償化
公立	約36万円	約910万円	
私立	約118万円	約590万円	
大　学			高等教育の無償化
国公立	約128〜384万円	約270〜380万円	
私立	約163〜490万円		

注意：小学生以上は4人世帯をモデルにしている。小・中学生の支援金額と年収の上限は市区町村によって異なる。大学生は自宅通学を前提とした

出所）内閣府「児童手当制度のご案内」「幼児教育・保育の無償化概要」、文部科学省「私立高等学校の実質無償化」「高等教育無償化制度の具体化に向けた方針の概要」

り真剣になって学校での学びも深くなるはずだ。ただし、この場合も子どもが無理なく返済できるように、毎月の返済額は大卒初任給（手取り）の10〜15％以内に収めなくてはいけない。もし収まらない場合は、違う学校を選択しよう。やりたいことをできるようになるための学校は複数あるはずなので、次善策を取るべきだ。君や子どもの将来の生活を犠牲にしなくても、やりたいことをできるようになる道を探すのだ。

＊老後資金

最後に老後資金の話をしよう。日

本人の平均余命は、主に医療の発達で10年ごとに２歳くらい伸びてきている。ＡＩやＩｏＴを活用した医療の技術革新は続くので、今後も平均余命が伸びていくのは間違いない。２０２０年時点の20歳における平均余命は男性で61・８年、女性で67・８年だけれど、今後の伸びを考えると、現在20歳であれば男女平均で約１００歳、30歳であれば96歳くらいまで生きるようになるだろう。これが、人生１００年時代と言われている根拠だ。経済成長を維持するためにも、近い将来には会社の定年も75歳くらいになるはずだ。

こうした時代を迎えるなかで、君は何歳から老後を迎えたいだろうか。つまり、君は何歳まで働きたいかということだ。僕のおすすめは、ずっと楽しく働くこと。なぜなら稼げることは、老後生活においては最強の武器になるのだ。無理をする必要はない。バイト感覚で週に２～３日でもよいし、毎日の働く時間をいまの半分にしたってよい。

君が結婚して老後を夫婦２人で過ごすとしよう。年金保険料を満額支払い、65歳から年金を受け取って平均的な生活費で老後を過ごすとする。これらを前提に国民年金だけに加入していた場合を考えると、75歳まで働いたとしても、老後25年でなんと３９８２万円の資金が必要になるのだ（年金受給額は、厚生労働省「２０１９年財政検証・ケースⅢ・人口中位」に基づき月額10・７万円、生活費は、総務省「２０１９年家計調査・高齢世帯の平均支出」に基づき月額24万円）。どちらかが厚生年金に加入していて、もう一方が扶養（年収１３０万円未満の場合に被扶養者となる）の場合でも１７４９万円が必要になる（出典は前述と同様、年金受給額は月額18・２万円）。一方で、90歳まで働き老後を10年間に短縮すると、国民年金だけの場合でも必要な資金は１５９３万円（出典は前述と同様）と、老後25年のケースと比べて半額以下になり、どちらかが厚生年金に加入している場合は６９９万円（出典は前述と同様）にまで収められる（次ページ**図表３-５**）。働き続けることで、老後に必要な資金は格段に抑えることができるのだ。

独身で生活していく場合に不足する平均的な金額も、**図表３-５**に紹介しておくので参考にしてほしい（出典は前述と同様、年金受給額は月額５・４万円〈国民年金〉、12・８万円〈厚生年金〉、生活費は月額13・９万円）。老後の生活費の平均的な支出の内訳も伝えておく（91ページ**図表３-６**）。当然、将来どんな生活をするのかで支出の金額は変わってくる。いまの時点でそこまで想像するのは難しいかもしれないので、まずは平均的な生活費を前提にして、老後に必要なお金を把握しよう。40代くらいになれば、老後の生活費を想像できるようになるので、そのときに改めて必要な金額を修正すればよい。

ただし、君がずっと楽しく働き続けるイメージを持てたとしても、ずっと健康でいられる

図表3-5　老後に不足する資金

夫婦2人暮らし（厚生年金の場合は1人が扶養）

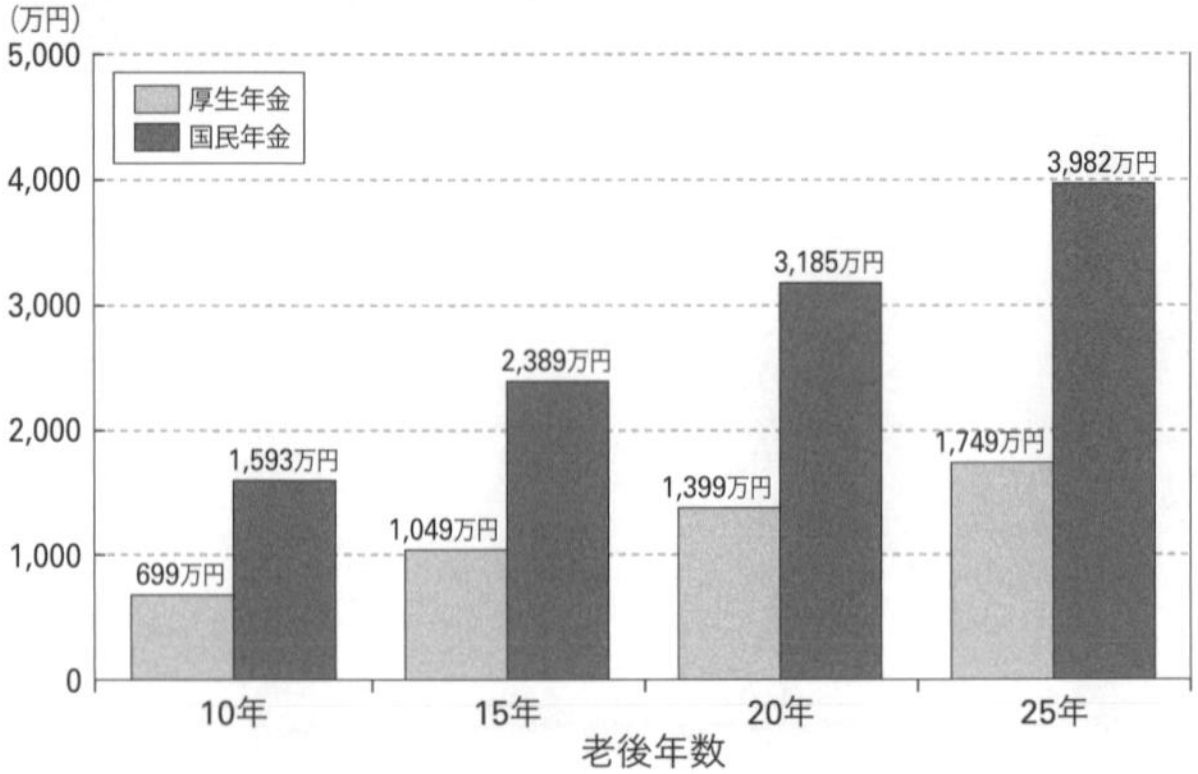

独身

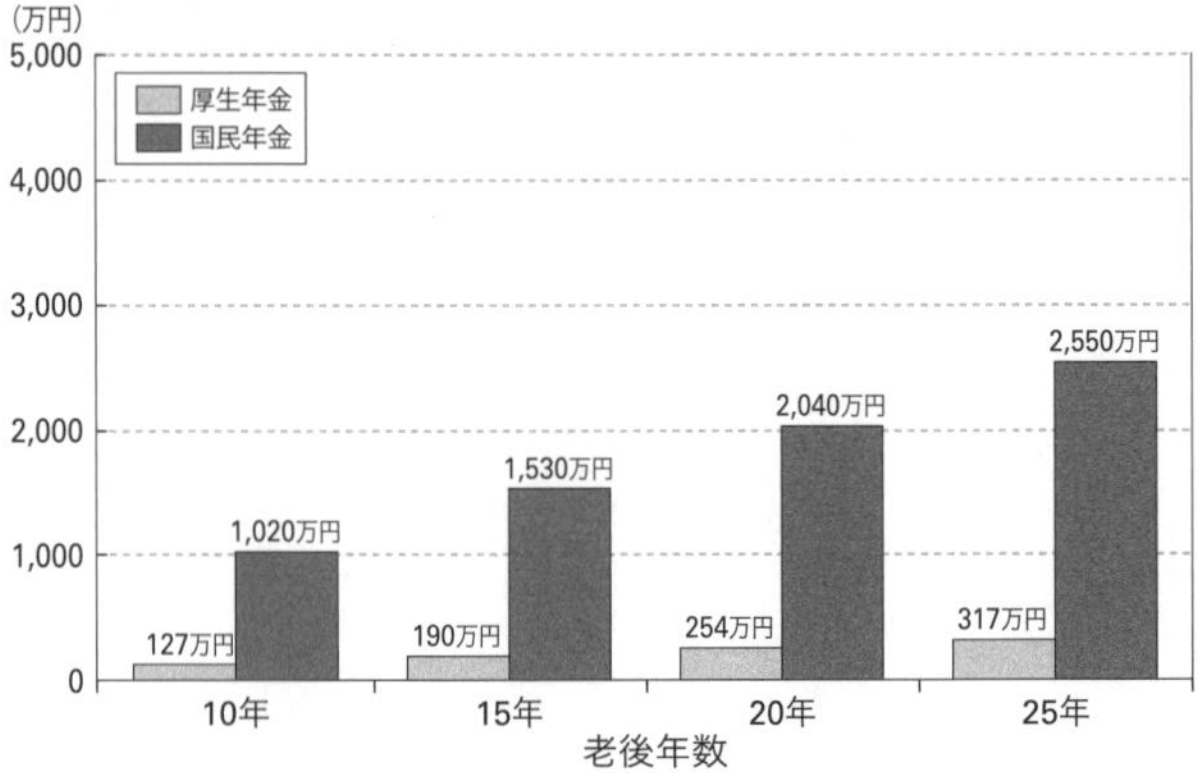

出所）日本年金機構、厚生労働省「2019年財政検証」、総務省「家計調査結果2019年」をもとに筆者が作成

図表３-６　ひと月にかかる老後の平均的な生活費

	夫婦２人暮らし		独身	
食料	66,458円	28%	35,477円	26%
住居	13,625円	6%	13,110円	9%
光熱・水道	19,983円	8%	12,973円	9%
家具・家事用品	10,100円	4%	5,573円	4%
被服及び履物	6,065円	3%	3,608円	3%
保健医療	15,759円	7%	8,469円	6%
交通・通信	28,328円	12%	12,672円	9%
教育	20円	0%	50円	0%
教養娯楽	24,804円	10%	16,105円	12%
諸雑費	20,845円	9%	14,264円	10%
こづかい（使途不明）	7,078円	3%	199円	0%
交際費	25,749円	11%	15,527円	11%
仕送り金	1,134円	0%	596円	0%
合計	239,948円	100%	138,623円	100%

出所）総務省「家計調査年報（家計収支編）2019年（令和元年）」
%は小数点第１位を四捨五入しているため、合計しても必ずしも100にはならない

かはわからない。いまの平均寿命と健康寿命の間には10年の差がある。そこで、長生きすることも考慮すると、老後（仕事をしないで生活する期間）は20年間くらいと考えて貯蓄しておくとよい。夫婦２人で国民年金に加入している場合、平均的な額で言うと約３２００万円だ。あとでも伝えるけれど、老後資金には介護が必要になった場合も考えて、１０００万円ほど追加することも頭に入れておいてほしい。

＊そのほかに必要な資金

住宅、教育、老後は、一般的には三大支出となるので、まずは金額をしっかり

と把握しよう。君がずっと独身で生きていくと決めている場合は、老後と住宅の二つを把握すればよい。それ以外のライフイベントについては、ほとんどが君の人生には訪れない場合もあれば、すべて訪れる場合もある。平均的な金額を紹介するので、これらのイベントが君の楽しい人生に本当に必要なのか、あるいは備えるべきなのかを考えてほしい。そのうえで貯蓄に必要な金額を決めればよい（図表3-7）。君に必ず訪れる老後と住宅の費用、子どもを持った場合の教育費も改めてまとめておく（図表3-8）。

楽しい人生を歩むうえで、君が経験するライフイベントについては、ノートや表などに書いておこう。エクセルの場合は、「ライフイベント表　ダウンロード」とネットで検索すれば雛形《ひながた》もある。まとめておくことは次の四つの項目だけで十分だ。

・どのライフイベントに
・いまから何年後
・いくら必要か
・そのために毎年および毎月いくら貯蓄しなくてはいけないか

図表3-7　各種ライフイベントにかかる費用

イベント	自己負担金額	前提
病気、ケガ、失業など	60万円	医療費や生活費で、独身なら所得（20万円/月）の3カ月分を準備
自動車	3,200万円	購入価格：200万円、買替え頻度：10年おき、維持費：44万円/年、保有期間：50年を想定
結婚	462万円	結納・婚約～新婚旅行までの費用
出産	9万円	42万円が「出産育児一時金」で支給される
介護	1,071万円	介護費：93.6万円/年、一時費用：69万円、介護期間：10.7年（平均寿命－健康寿命）を想定
葬儀	178万円	葬儀費用・飲食代・返礼品を含む、お布施は除く

出所）株式会社 ネクステージ（https://www.nextage.jp）
ゼクシィ「結婚トレンド調査 2019」
国民健康保険中央会「出産費用の全国平均値、中央値」
生命保険文化センター「平成30年度 生命保険に関する全国実態調査」
株式会社 鎌倉新書「第3回お葬式に関する全国調査」（2017年）

図表3-8　人生の三大ライフイベントに必要な資金

前提
老後開始年齢：75歳　年金種類：厚生年金（1人扶養）
教育費：公立大学の教育費のみ
老後期間：25年　家賃：夫婦なら10万円、独身なら5万円

	夫婦と子ども1人	独身	いつまでに貯めるか
老後費			
厚生年金の加入者	1,749万円	351万円	75歳まで
国民年金の加入者	3,982万円	2,584万円	
住宅費（賃貸の場合）			
頭金相当額の資金	321万円	161万円	40～45歳まで
毎月必要な投資資金	2.7万円/月	1万円/月	75歳まで（35年間）
教育費	440万円	なし	子どもが18歳になるまで

こうして自分のライフイベントに必要な金額を把握すれば、計画的に貯蓄することができる。楽しい将来を実現するためにもまとめておこう。

3　貯蓄の優先順位

＊保険にはもしものときの貯蓄がないときだけ入る

貯蓄は三つに分けて考えるとよい。優先順位もあるので次の順番通りに覚えておこう。

①もしものときのお金
②5年以内に使うお金
③6年以上先に使うお金

前ページの**図表3－7**で伝えたように、もしものときのお金は、君が病気やケガで働けなくなったときの生活費や医療費だったり、仕事を失って収入が途絶えたときの生活費だったりする。いまの生活が金銭的に苦しくない限り、もしものときのお金は最優先で考えるべき貯蓄だ。もしものときは、いつ起きるかわからない。来月にでも必要になるかもしれない。

君が独身なら、まずは3カ月分の所得と同じ金額の貯蓄を目指そう。結婚をしているなら世帯で6カ月分の所得がよい。これくらいの貯蓄があれば、もしものときのなかでも比較的起こりやすい、長期入院で働けなくなったり失業したりした場合でも、当面の生活費や医療費には困らないからだ。

もしものときのための貯蓄ができるまでは保険に加入しよう。ただし、**不安から保障金額をなんとなく決めてはいけない**。もしものときに本当に必要な金額をもとに決めるべきだ。一般的に、保険料は三大支出（住宅資金、教育資金、老後資金）に次ぐ金額が費やされている。理由は、漠然とした不安で保険に加入して、根拠なく保障金額を決めていることが多いからだ。僕たち日本人ほど保険に多くの金額を支払っている国は、世界を見渡してもない。

そこで、君が無駄なお金を使わないために、どのリスクに対して保険を掛けるべきなのかについて話していこう。まずは、必要な保障金額を決めるときの公式を見てほしい。

保障金額＝もしものときに必要な金額－公的保障金額－現在の貯蓄金額

図表3-9　もしもの場合に受けられる公的保障

	保障対象	保障内容など	対象者
入院（月収が約50万円以下で、年齢も70歳以下の場合）	所得	所得の2/3	健康保険の加入者
	医療費	自己負担の上限が約８万円	（国民）健康保険の加入者
失業（60歳以下の場合）	所得	所得の５～８割	雇用保険の加入者
障害（障害者１級で、配偶者と18歳未満の子どもが１人の場合）	所得	約120万円/年	国民年金の加入者
死亡（配偶者と18歳未満の子どもが１人の場合）	所得	約100万円/年	
介護	介護サービス費	介護費の７～９割	介護保険の加入者

出所）厚生労働省、日本年金機構、全国健康保険組合の各種ホームページ

もしものときが起きた場合、君はさまざまな公的保障が得られる。公的保障の平均的な金額、保障の対象者をまとめておくので、参考にしてほしい（**図表3-9**）。入院期間の平均日数は、15～34歳だと11日、35～64歳で22日だ（生命保険文化センター）。転職するときの求職期間は、3カ月以内に決まる人が半分以上、8割以上の人が半年以内に次の職を見つけている（エン転職「転職活動期間」の実態調査、２０１８年）。

これが「独身の場合は、3カ月分の所得と同じ貯蓄額が必要」と伝えた理由だ。結婚している場合、貯蓄が6カ月分になるのは、結婚相手のもしものときにも備えるためだ。この貯蓄ができたら、生涯、医療保険や失業などによる収入保障の保険に加入する必要はない。

逆に、生涯にわたって加入したほうがよいのは火災保険だ。君の家や隣の家で火災が起きた場合、修繕には多額の費用がかかる（隣の家からのもらい火で損害を受けた場合でも、火元である隣家は損害の責任を負わない）。火災の規模にもよるけれど、君だけでは賄えない金額になる可能性は大いに考えられるので備えておいたほうがよい。

ほかの保険は、君のライフスタイルや貯蓄している金額によるけれど、大きな地震が発生すると言われるエリアで住宅を購入した場合は地震保険に、自動車に乗る場合は自動車保険に、子どもがいて十分な教育費が貯蓄できていない場合は生命保険に、加入しておくべきだ。

生命保険にはもっとも多くの保険料を支払うことが多いので、もう少し具体的に話をしておこう。生命保険が必要になるケースは、君に子どもがいて、君が亡くなったときに子どもの教育費が支払えない場合だ。87ページの**図表3-4**で伝えたように、いまは教育の無償化制度などが利用できる。君が国民年金に加入していれば、支援制度を使わなくても、高校までの教育費は保障によってほとんど賄えるはずだ。君が結婚しているなら残されたほうが稼ぐこともできる。これらのことをすべて考慮したうえでも、教育費が足りないとなったときには生命保険に加入しよう。ただ、生命保険も公式に沿って保障金額は最低限にするのがよい。大学までの教育費が貯蓄できたら、生命保険は不要と考えてよい。

保険に加入するときは、二つのことに気をつけてほしい。一つは保険の種類だ。保険には掛け捨てと積み立ての二つのタイプがある。掛け捨ては満期や途中で解約したときなどにお金が戻ってこないタイプで、もしものときに保障金を得ることだけが目的なので保険料が安い。逆に積み立ては、お金が戻ってくるタイプで、貯蓄も目的に加わるので、保険料は高くなる。では、**保険に加入するときはどちらがよいかというと、断然、掛け捨てだ。**

積み立ては、君が保険会社に支払った保険料が運用されるので利息がつくけれど、手数料として保険会社に多くを差し引かれるので、結果的に得られる利息は極めて少ない。一般的な積立保険で、10年間積み立てをして積立期間を含め30年間運用を続けた場合、７％くらいの利息がつけば高水準だ。３００万円を積み立てたとすると、21万円の利息になる。他方で同じ金額を世界経済に投資した場合、30年後には資産が１０５３万円になり、元本を差し引いた７５３万円が利益になる（年間リターンは過去20年間と同じ５％で計算）。投資は元本が割れることもあると不安に思うかもしれないけれど、30年の積立期間で元本が割れた歴史はないし、詳しくは原則４で説明するけれど、これからも割れることは想定しえない。それに保険商品で積み立てる場合は、定められた積立期間内に解約したら大幅に元本割れする商品も多くある。同じように運用するのであれば、誰にでもできる世界経済へ投資をしたほうが断然よい。

もう一つ気をつけてほしいのは、保険に加入するときの経路だ。保険商品は、街にある各保険会社の店舗から君の会社や自宅に訪問する販売員まで、さまざまな場所・方法で販売されている。加入のしかたがたくさんあるので迷うかもしれないけれど、買うなら、インターネットで申し込みできるネット保険にしよう。ネット保険は受け取れる保障金額が一緒でも、ほかと比べて支払う保険料が一番安いのだ。

＊僕の保険の歩み

僕が初めて加入した保険は、海外旅行保険だ。大検を終えて英語の勉強を始める前、貯蓄を使ってニューヨーク大学へ見学に行ったときに加入した。このときは、マンハッタンの路上で持っていたバッグを盗まれてしまったので、カメラや電子辞書などの携行品と同額の保障金を受け取ることができて助かった。ただ、いままでに何十回と海外に行ったなかで、海外旅行保険に加入したのはこのときだけだ。あとは加入したクレジットカードに付帯されていた海外滞在中の病気やケガ、盗難などの保障を利用した。海外では、滞在先のホテルでパソコンが盗難されたり、ホテルで浴槽の水が溢れて部屋が水浸しになったりと、いくつかアクシデントが起きたけれど、その度に金銭的な保障をしてもらえたので助かった。

ユニバーサル・スタジオ・フロリダで働き始めたときには、すでに所得の3カ月分以上の貯蓄があったので、医療保険には加入しなかった。働き始めてから約20年の間で、一度だけ腸炎になって入院したけれど、このときの医療費は約5万円。もしものときの貯蓄から拠出するまでもなく、生活費から補った。僕は、医療保険に加入した経験がないし、これからも加入するつもりもない。

フロリダに住んでいたときは、車がないと生活ができなかったので、事故を起こして誰かを傷つけてしまうことなどを考えて、自動車保険に加入していた。結果的に何も起きなかったけれど、保険に加入していたおかげで、つねに安心した状態で運転ができた。帰国してユニバーサル・スタジオ・ジャパンで働き始めてからは、車が必要なくなり、自動車保険にもずっと加入していない。

帰国して大阪で賃貸マンションに住み始めてからは、火災保険に加入した。賃貸契約をするときに不動産業者がすすめてきた保険で、2000万円の借家人賠償責任や、1億円の個人賠償責任などが保障された商品だ。保険料は2年間で2万4000円だった。そのあとは、支出削減の一環で、保障内容をまったく変えずに、ネット保険の日新火災に切り替え、いまは毎年5000円の保険料を支払っている。地震でマンションが損壊しても、賃貸なので保障は必要ない。僕は、火災保険のオプションにある地震保険には加入した経験がない。

子どもが生まれたときも、生命保険には加入しなかった。僕に万が一のことが起きたとしても、子どもが高校を卒業するまでの教育費は、国民年金から支払われる遺族年金をあてればよかったからだ。子どもが私立の学校を選択して遺族年金では足りないときや、大学に進学する場合についても、貯蓄していた老後資金をあてれば十分だった。

現在は、火災保険のみ継続して加入している。おそらくこれからも火災保険以外に長期間加入することはない。子どもの教育費の貯蓄は終わっているし、病気やケガ、失業したときなどもしものための貯蓄もできている。あるとしてもレンタカーを借りるときの超短期的な自動車保険くらいだ。

＊5年以内に必要な貯蓄とその先に必要な貯蓄とは

もしものときに必要な所得の3カ月分の貯蓄ができたら、掛け捨ての保険は解約して、5年以内に必要な貯蓄をしていこう。あるいは、もしものときの貯蓄を優先しながら、平行して5年以内に必要なお金を貯蓄するやりかたでも大丈夫だ。

５年以内に必要な貯蓄は、君の年齢によるけれど、結婚資金、子どもの入学金、自動車の買い替え費用などが考えられる。これらのイベントには、比較的大きな金額を用意しないといけないので、時間に余裕を持って計画的に貯蓄したほうがよい。結婚が決まって来年に式を挙げるとなったとき、１年間で必要なお金を全額貯めるのは難しい。

貯蓄の優先順位として最後にくるのは、６年以上先に発生するイベント費用だ。君が20代後半から30代前半だとしたら、住宅を購入する場合に必要な頭金と同額の貯蓄をするのはここに含まれるだろう。老後資金もここに入る。この貯蓄はどんなに早くても、もしものときに必要な貯蓄が完了してから始めればよい。老後資金は金額が多くなるので心配かもしれないけれど、いまは気にしなくてもよい。なぜなら、老後資金を貯める時間は十分に残されているからだ。

それに、住宅購入に必要な金額と、賃貸に必要な金額の平均的な差額を世界経済に積み立てて投資していけば、将来の住宅費だけでなく、老後資金もほとんど補える。90ページの**図表3-5**で伝えたように、必要な老後資金がもっとも不足するのは、夫婦２人が加入しているのが国民年金だけのケースだ。老後を25年間とすると、３９８２万円が必要になる。生涯における住宅費として、40歳までに頭金相当額の３２１万円を貯蓄し、この頭金と一緒に40歳

図表3-10　85歳まで投資を続けた場合の資産シミュレーション

前提

家族構成：夫婦2人　　年金の種類：国民年金　　投資リターン：年間5％
老後期間：25年　　毎月の切り崩し金額：17.9万円

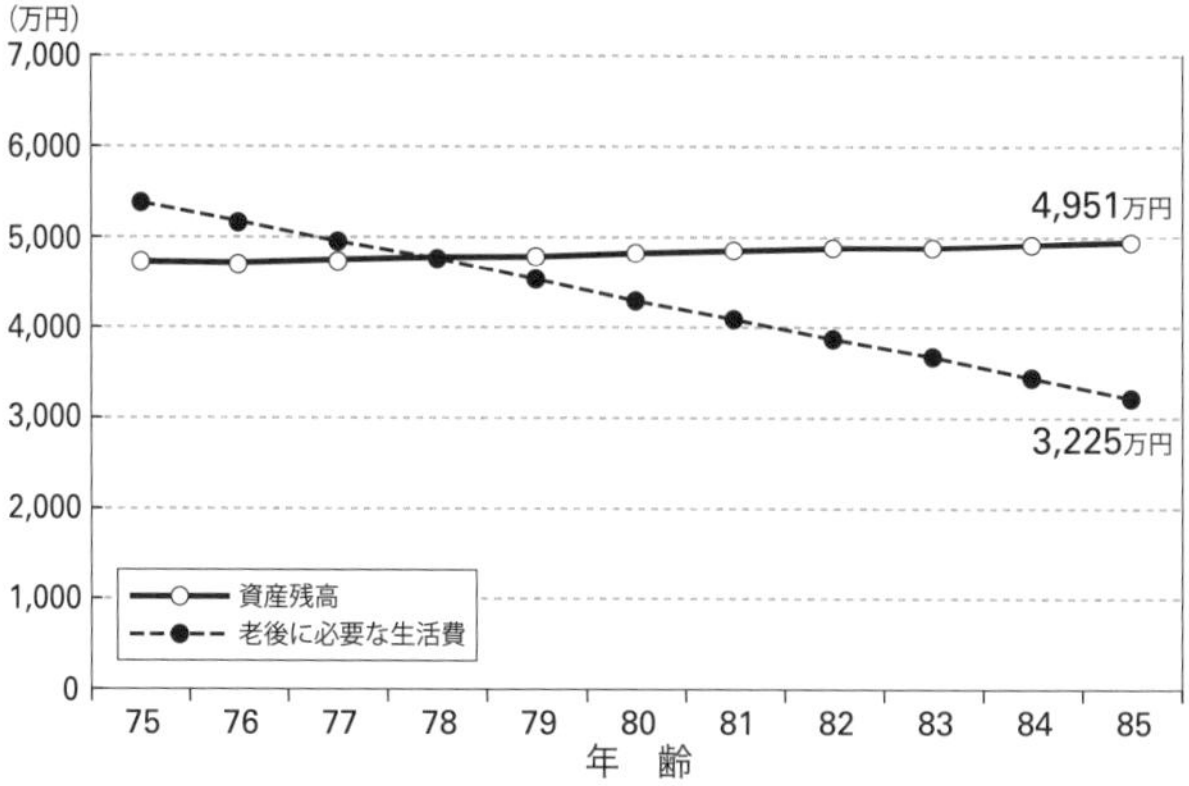

上記の前提をもとに筆者が試算

から毎月2・7万円を35年間積み立て投資すれば、老後を迎える75歳には4700万円の資産となる。この資産を、85歳まで運用し続ければ、老後の生活費も賄えるのだ。

具体的に説明しよう。まず老後、夫婦2人の毎月の生活費は平均24万円で、このうち住居費は約1・4万円だ（91ページ**図表3-6**）。一方で、夫婦2人暮らしの世帯が支払う賃貸の平均は月6万円ほど（総務省「住宅・土地統計調査」）。つまり、6万円－1・4万円で4・6万円が追加で必要になり、毎月の生活費は28・6万円になる（24万円＋4・6万円）。このうち国民年金で賄えるのは10・7万円

（厚生労働省「２０１９年財政検証・ケースⅢ・人口中位」）。最終的に毎月17・９万円（28・６万円－10・７万円）、年間で２１５万円不足することになる（17・９万円×12カ月）。ただ、75歳までに貯めた４７００万円を毎月17・９万円取り崩しながらでも85歳まで世界経済へ投資すれば（年間リターン＝５％）、85歳時点の資産は４９５１万円に増加する。残りの老後15年間で必要な生活費は３２２５万円（２１５万円×15年）なので、これなら賃貸でも生活費に困らず暮らせるのだ（前ページ**図表３－10**）。

ただし、介護などのイベントにも備えるため、少しだけ金額を多めに積み立てておくとよい。老後の投資期間を短縮したかったり、投資する金額を減らしたりしたい場合も同じだ。

４　節約と貯蓄の仕組みをつくる

＊大幅な節約が見込める固定費から見直そう

毎月貯蓄すべき金額とライフイベントの優先順位を把握できたら、貯蓄をしていこう。ただその前に、毎月貯蓄すべき金額が捻出できないこともあるため、生活に必要な支出を減らすノウハウも紹介しておく。

君は節約しようと考えてすでに行動しているかもしれないけれど、節約にも優先順位があるので覚えておいてほしい。まず、毎月の費用を固定費と変動費に分けて支出をしっかり把握しよう（図表3-11）。

図表3-11　毎月の固定費と変動費のイメージ
（例：所得35万円、夫婦と子ども1人）

	費用項目	金額	比率
変動費	食費	7万円	20%
	交際費	1万円	3%
	交通費	1万円	3%
	衣料・雑貨	1.5万円	4%
	医療	1万円	3%
	レジャー	1万円	3%
	水道・光熱費	2万円	6%
固定費	通信費・新聞	2万円	6%
	小遣い	3万円	9%
	教育費	2.5万円	7%
	駐車場	1.5万円	4%
	保険・貯蓄	3.5万円	10%
	住居費	8万円	23%

%は小数点第1位を四捨五入しているため、合計しても必ずしも100にはならない

固定費は、一度見直すだけで大きな節約がずっと続くので、まずはこちらを見直したほうがよい。固定費のなかで一番負担が大きいのはおそらく住宅費、だいたいは家賃のはずだ。これは引っ越しと家賃の値下げ交渉で安くできる。いまは人口減少で空き家がどんどん増えていて、以前と比べて、駅からの距離、築年数、

広さといった主要な条件が同じでも、より安い物件を見つけられる。君が何年も同じ賃貸物件に住んでいて家賃が変わっていないなら、いまと類似の条件でより安い物件を見つけられる可能性は高いはずだ。不動産サイトで調べてみよう。

君が何年も同じ物件に住んでいて、いまの住居が気に入っているなら、家賃の値下げ交渉をしよう。まずは不動産サイトで、住んでいる物件と似たような物件を近所、もしくは君と同じマンション内から探して家賃相場を調べよう。相場のほうが安ければ、類似物件の情報を同封して、管理会社かオーナーに文書を送付すればよい。文書には、次の四つの項目を記載しよう。

・現在の住まいが快適で気に入っていること
・家賃が相場より高いこと
・家賃を相場並みに下げてほしいと考えていること
・下げてもらえない場合、経済的な理由で引っ越しを検討すること

いまの家賃が相場以上なら減額される可能性は高い。管理会社やオーナーも家賃収入がな

くなるより、相場並みに減らして君に住み続けてもらうほうが得だからだ。

僕もこの5年間で家賃を2割ほど減らした。最初は引っ越しで、２０１５年当時、いまの前の家は5年以上住んでいて家賃が相場より割高になっていた。似たような物件がないか調べてみると、市街地への移動がもっと楽な隣の駅で、駅からの距離も当時の半分以下の徒歩4分、同じくらいの広さで、高台で景色がよい物件を見つけた。家賃も1割以上安く、とても気に入ったので、翌日には不動産屋に連絡をしてすぐに契約した。

2回目は家賃交渉で減らした。交渉をしたのは1年くらい前だ。いまの住まいは気に入っているけれど、引っ越してきてから4年ほど経っていたので、家賃は相場より少し高くなっていた。そこで、さっき伝えた四つの項目を記載した文書を管理会社へ送付して、家賃を安くしてほしい旨を伝えた。すると文書が届いたその日のうちに、管理会社から電話がかかってきて家賃の減額が決まった。そのときに僕が送った文書を紹介しておくので、参考にしてほしい（次ページ図表3－12）。

住宅費の次に大きな固定費は、教育、保険、自動車などだ。

教育費については、子どもがやりたいことのために学んでいるなら、なるべく減らさない

図表 3-12　家賃の減額交渉の手紙

2019年○月○日

○○株式会社
○○店　ご担当様
有限会社○○　オーナー様

○○市○○町○○番地 ○○マンション○○号室

秋山　哲 (印)

賃料減額のお願い

拝啓

時下ますますご清栄のこととお慶び申しあげます。
○○マンションの○○号室で賃借しております秋山です。日々、とても快適に過ごさせていただき感謝申しあげます。

現在の賃料ですが、賃借の開始から4年2カ月経過していることもあり、相場と比べて割高になっていると理解しております。ご参考までに、居住させていただいている○○マンション内の他物件、近傍類似の建物の賃料情報を同封いたします（○月○日付の御社ホームページに掲載）。

借地借家法第32条１項に基づき、賃料の減額をお願いいたします。現在は、1カ月○万○千円（共益費含む）の賃料となっておりますが、相場と同等の○万○千円（同）に減額をお願いいたします。なお、早期に適正な賃料にいたしたく、減額は○月分からの適用をご検討いただければ幸いです。よって、○月末日までにご回答いただきますようお願い申しあげます。

賃料の減額が適用される場合は、引き続き居住させていただきます。他方で、相場同等の減額が認められないのであれば、経済的な事情もあり、引越しを検討させていただきます。

敬具

図表3-13　一度の手間で費用をずっと安くする方法

費用項目	具体的な節約のしかた
水道費	●水道栓を少し締めて量を減らす ●ペットボトルをトイレのタンクに2本いれる ●節水ヘッドをつける
電気代	●冷蔵庫の温度調整を弱にしておく ●契約アンペア数をさげる ●照明はLEDにする ●電気の自由化で安くなった電気会社に変更する
ガス代	●給湯温度をさげておく ●ガスの自由化で料金が安くなった会社に変更する ●電気会社と同じ会社で契約する
新聞・通信費	●携帯電話は格安スマホにする ●新聞を取るのをやめて、ネット記事で代用する ●ネットはキャンペーンで安く加入し、スマホと同じ会社で契約する

でほしい。ただし、世間一般に浸透している「よい人生の公式」に沿って教育費を支払っているなら、子どもの人生のためにも抜本的に見直すべきだ。将来、子どもに人生を後悔させてしまうことにつながるし、その教育費は無駄になる可能性が大きい。

保険は、「もしものときの貯蓄（94ページ）」で伝えた通りなので、そちらを参考にしてほしい。

自動車についてはまず、そもそも必要なのかを検討しよう。とくに君が都市部に住んでいる場合、自動車は必要ないことのほうが多い。自動車の本質的な機能は移動だけれど、移動は公共交通機関でもできるし、レンタカーやカーシェア、タクシーだってあるからだ。

君が移動以外に価値を見いだしていても、それは本当に必要なのかを考えてほしい。とくに、「周囲からよく思われたい」などの見栄や、「なくても困らないけれど、なんとなく便利だから」といった理由でムダづかいになっていないかは注意しよう。

ほかの代表的な固定費や主な変動費の減らしかたについては、前ページの**図表3-13**にまとめておく。君は、節約のために小まめに電気を切ったり、水道の蛇口を閉めたりしているかもしれない。そうした行動も支出の削減につながるけれど、**一度の行動で効果がずっと続く仕組み**をつくったほうが効率的だ。部屋の照明をＬＥＤにしたり、携帯電話の契約先を格安スマホ会社にしたり、ネットはスマホと同じ会社にしたりすれば、一度の行動でずっと支出を削減できるのだ。

＊貯蓄は目的ごとに口座を分けよう

楽しい将来のために必要なお金や貯蓄の優先順位、支出の減らしかたがわかったら、お金を貯める仕組みをつくることが大切だ。仕組みをつくると、貯まっている金額を簡単に把握できて確実に貯められるようになる。貯蓄の仕組みづくりには、二つのことをすればよい。

一つは、将来のライフイベントごとにお金の置き場所を分けることだ。

もしものときに必要なお金は、ネット銀行の定期預金に預けておこう。すぐにでも使うかもしれないお金なので、いつでも現金に換えられて、元本が保証されているのが大切だ。これを満たす商品としてもっとも適しているのが、定期預金だ。定期預金は原則、満期まで解約できないとされているけれど、実際は金利が減るだけで元本割れすることなくすぐに解約できる。契約は、１年満期の自動更新にしておこう。ネット銀行がよいのは、ほかの銀行より金利が高いからだ。

５年以内に使うお金も、もしものときに使うお金と口座を分けたうえで、定期預金がよい（１年以内に使うお金の場合は普通預金でもよい）。目的ごとに口座を分けておくと、必要なお金がより管理しやすくなる。５年以内に使うお金も、近い将来必要になるので、元本が保証されているのが望ましい。これを満たしたうえで金利が高いのは定期預金なのだ。個人向けの国債や社債（国や企業が発行する債券）なども選択肢にはなるけれど、いまの国債は金利が低いし、社債は安全性を見極めるテクニックが必要になるので、まずは定期預金でよい。今後、国債の金利がネット銀行の定期預金より高くなったときや、君が企業の安全性を見極められるようになったら、こうした債券に投資することも視野に入れよう。

６年以上先に必要なお金は世界経済への投資に回そう。詳しいやりかたは原則４で伝えていくけれど、君の将来を大きく助けてくれるのは間違いない。このお金は、時間経過とともに5年以内に使う予定に変わったとき、原則、定期預金に移したほうがよい。

貯蓄の仕組みづくりのもう一つは、毎月の給料が入金されたら、その日のうちに貯蓄すべき金額を貯蓄口座に移動する習慣を身につけることだ。給料を受け取り、使ったお金の残りの金額を貯蓄しようとしてはいけない。**給料を受け取ったら先に貯蓄をして、残ったお金を使う**のだ。これを習慣にしたら、将来に必要なお金が貯まっていく充足感が得られて、貯蓄が苦にならないようになる。

5年以内に使うお金を給料日に貯蓄口座へ毎月移すのが面倒であれば、給料口座から定期預金口座へ自動振り替えされるように設定しておけばよい。銀行のホームページで、「自動積立定期預金」と探せばすぐに方法が見つかる。設定しておけば、君が何もしなくても、毎月の給料日に決まった金額を給料口座から定期預金の口座に移して積み立ててくれる（6年以上先に使うお金を世界経済へ投資するためには、証券口座に振り込む必要があるけれど、これは原則4で伝えていく）。

＊僕の貯蓄の仕組み

僕は、もしものときのお金として、6カ月分の所得と同じ金額を住信ＳＢＩネット銀行の定期預金に預けている。このお金を使った経験はないけれど、これがあるおかげで、もしものことが起きても、ほかの資産を減らさずに当面の生活には困らないので、つねに安心していられる。

僕が5年以内に使うお金は、子どもの高校と大学の教育費、引っ越し費用、冠婚葬祭費、旅費の四つだ。すべて住信ＳＢＩネット銀行に預けている。

子どもの高校と大学の学費は、別々の定期預金に預けていて、必要な額はもう貯まっている。保有していた企業の配当金の一部を定期預金に振り替えて貯蓄していた。

引っ越し費用も別の定期預金口座に預けている。実際に5年以内に引っ越しをするかはわからないけれど、必要になったらいつでも使えるようにしている。この貯蓄は毎月の給料から積み立てていた。冠婚葬祭費は、家族に渡す誕生日プレゼントや親戚へのお年玉に使うお金で、別の普通預金口座に預けている。このお金は、毎年ボーナスから使った分だけを補填する形で貯めている。旅費についても別の普通預金口座に預けていて、このお金もボーナスから貯蓄している。

僕が住信ＳＢＩネット銀行を貯蓄口座として使っている理由は、金利が高いのもあるけれど、普通預金口座を同時に五つまで保有できて、一括管理ができるのもある。お金を使う目的別に管理できるのはとても便利で、一定の金額を預けておくと、振り込みやＡＴＭからの引き出し手数料が無料になるのも使いやすい。

６年以上先に使うお金は、生涯における住宅資金、老後資金、大きな価値の提供をしようとしている企業を応援するための投資資金の三つだ。住宅資金については、長期的な成長に疑いがない世界経済へ投資をしている。老後資金と企業を応援するためのお金は、国内の成長が見込める個別企業に投資をしている。

いまは毎月給料を受け取った日に、楽しい老後生活や企業がより大きな価値を社会に提供している姿を想像して、証券口座にお金を振り替えるのがとても楽しい。そのお金を使うときがきたら、投資していた自分と、より大きな価値を社会に提供した企業に感謝するのは間違いない。

◎「原則３：いまも将来も犠牲にせずお金を貯めなさい」のまとめ

・いまを犠牲にしてまで将来のための貯蓄はしない

- 貯蓄を継続するには、楽しい将来の実現を目的にする
- 貯蓄は最低限以上の生活ができるようになってから始める
- 「何のため」「何年後までに」「いくら必要なのか」をノートに書きとめる
- 「もしものとき」「5年以内」「それより先」の順で貯蓄をする
- 貯蓄は目的ごとに口座をつくって、給料日に必要な金額を振り替える

原則4　将来のために投資を始めなさい

1　本当の投資は怖くも難しくもない

＊投資は長期的には損をしない

君は、投資を怖いと感じていないだろうか。

最近では２０２０年２月に起きた株価の大幅な下落「コロナ・ショック」。「サブプライムショック」や「リーマンショック」も、強く記憶に残っているかもしれない。あるいは、１９９０年に起きた「バブル崩壊」の話を聞いて、投資はギャンブルと同じで危険なものと教えられてきたかもしれない。けれども、投資はまったく怖くない事実を知ってほしい。

株価が大暴落した印象は強く残るけれど、世界全体の視点で長期的に見たら、こうした**大暴落は一時的な状態**にすぎないのだ。株価は何度もあった大暴落を乗り越えて、ずっと上昇してきている。**図表４-１**は、２０２０年７月までの過去50年間における世界の株価の推移だ。大小さまざまな下落を乗り越えながら、ずっと上昇してきているのがわかる。

なぜ世界の株価は一時的な暴落があってもずっと上昇し続けているのだろうか。それは、株価が世界経済と連動していて、その世界経済がずっと成長しているからだ。

図表４-１　世界の株価の推移（1969年12月～2020年７月）

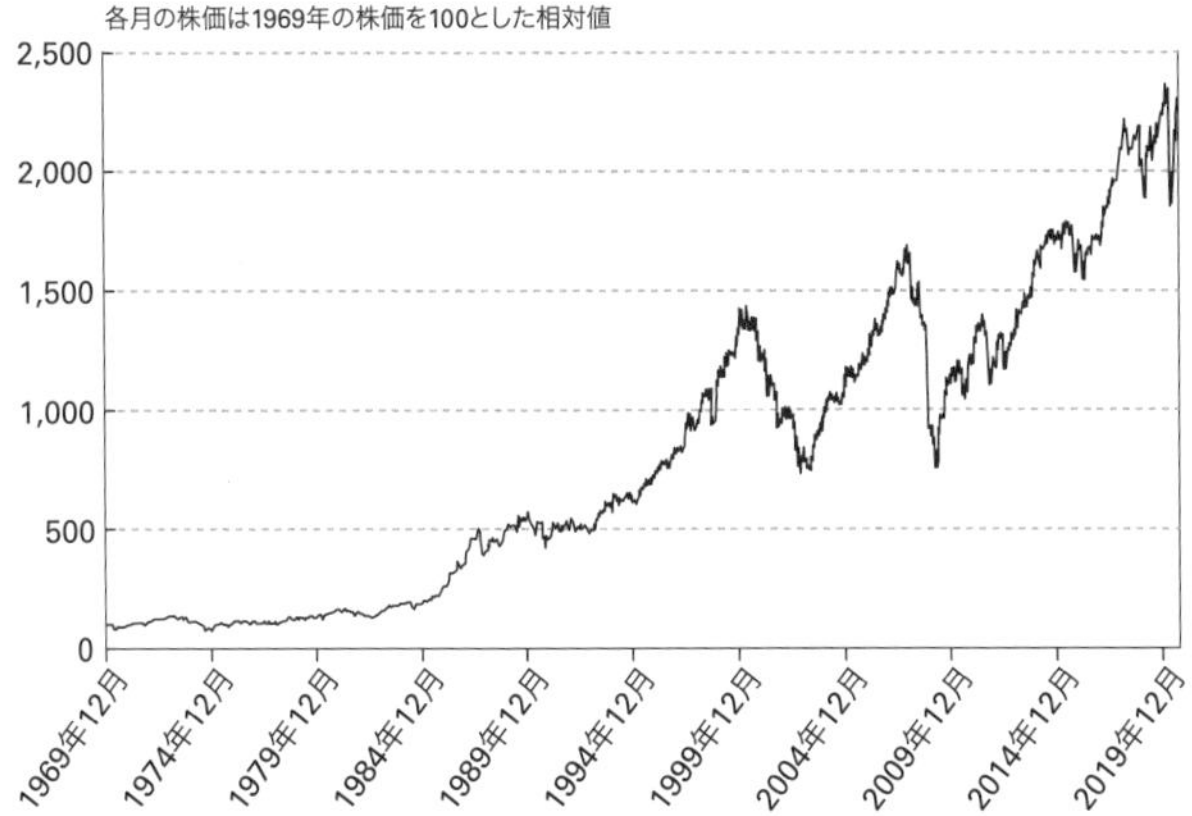

出所）MSCI, World Index, USドルベースより作成

世界の株価と世界経済の規模の相関係数を見てほしい（次ページ図表４－２）。相関係数とは、二つの要素の連動性を測る指標で、１だと完全に連動していることを示す。この二つの相関係数は０・93で、ほぼ完全に連動している。加えて世界経済もずっと右肩上がりで成長を続けている。だから、これに合わせて株価も高くなり続けているのだ。

株価と世界経済がなぜ連動するかは、世界を一つの企業と考えるとわかりやすい。まず、株価とは大ざっぱに言えば「企業の値段」で、ある企業を買うときに、いくら必要かということだ。そして、企業は商品がよく売れて大きな利益を上げているほうが値段は高くなる。つまり、企業（世界）の利益（経済規模）が

図表4-2　世界の株価と世界経済（GDP）の相関関係

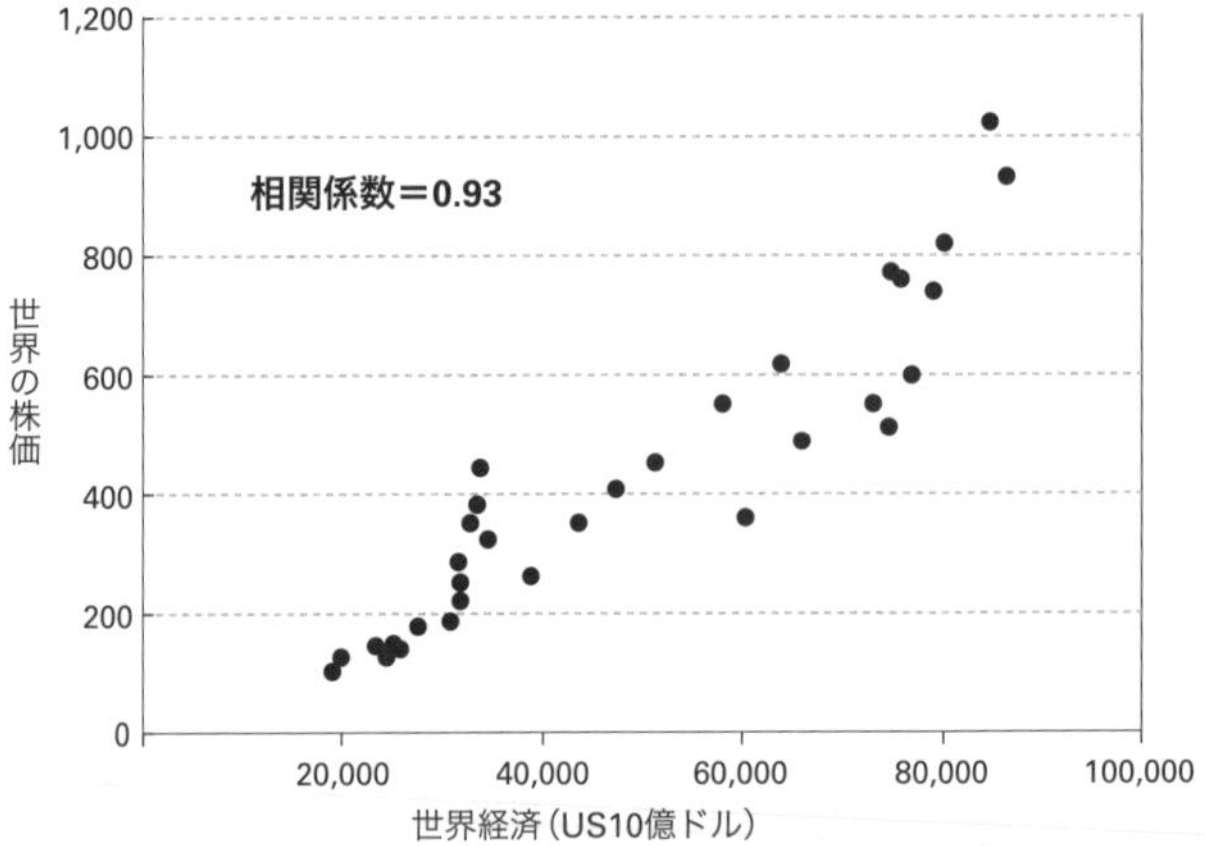

出所）MSCI, All Country World Index, USドルベース、IMFデータベースをもとに筆者が作成

大きくなるほど、企業の値段（株価）も上昇するのだ。世界の株価と世界経済がほぼ完全に連動する理由はとてもシンプルなのだ。

　では、なぜ世界経済はずっと成長し続けるのだろうか。それは、世界の人口と生産性が伸び続けているからだ。**世界経済は、（労働）人口と生産性の掛け算**で決まっている。

　人口については、その数が増えれば増えるほど、商品を生産する労働者の数も、消費者の数も増えることになり、全体として生みだす利益は大きくなるので、経済は成長していく。そして、人口は現在、約77億人で（米国勢調査局）、国際連合によると、2050年には97億人になると推計されているのだ。

　生産性は、1人あたりがどの程度の付加価

図表4-3　世界の生産性の推移

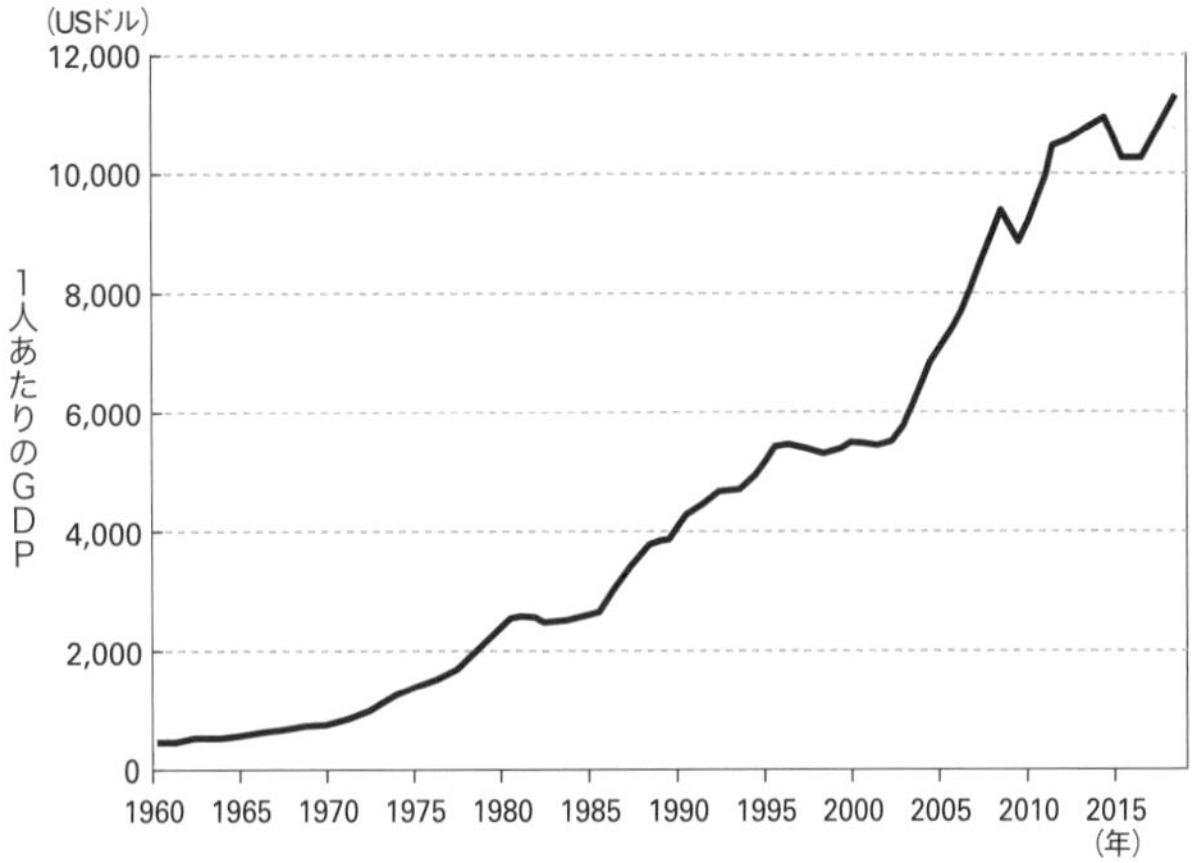

出所）THE WORLD BANK, World Development Indicators

値をつくっているか、要するにどれくらい利益を生みだしているかで、こちらも技術革新や新たな商品の創造によって、ずっと伸びてきている（**図表4-3**）。

たとえば、僕が小学生だった40年ほど前は農作業のほとんどが手作業だった。稲を刈るのは鎌で、苗を植えるのも手だった。それはそれで楽しかったけれど、とても大変だった。でもいまは、コンバインと田植機でやっている。手作業のときの6分の1以下の人数で、米だけでなく小麦もつくれるようになり、2倍くらいの量を生産するようになった。1人あたりの生産量は、10倍以上になっているのだ。

こうした変化は、あらゆる業界で起きてい

る。さらに、ＩｏＴやＡＩを代表とする第４次産業革命で、現在も生産性は伸びている最中だ。おそらく君は、どこかのタイミングで、自動車が自宅やオフィスと変わらないくらい、設備が整った空間になるのを経験する。もちろん運転は必要ないし、交通事故もほとんど起きない社会になると想定できる。さらにその先には、車は渋滞がない空を飛び始める可能性も十分にある。こうしたロードマップはすでに描かれているのだ。このような技術革新や新たな価値の創造は、あらゆる分野で起きている。

そして、今後も生産性は伸びていくはずだ。なぜなら、その根底には人間の成長欲求があるからだ。もっとよいものをつくりたい、もっとできるようになりたい、もっと人を喜ばせたい、もっと社会に貢献したい。こうした成長欲求は、先天的に備わっているもので、なくなりはしない。この僕たちの持っている成長欲求が原動力になっているので、生産性は伸び続けるはずだ。

ただ君が世界経済へ投資をしたら、**株価の暴落には必ず遭遇する**。毎日下がり続ける株価を見ていると、下落の底がわからず、最初は、資産がほとんどなくなるのではないかと怖くなるはずだ。投資はこりごりだとやめたくなるかもしれない。僕も最初の暴落のときはそうだった。ただ、１００年に一度の大暴落で、世界の株価が54％も急落したリーマンショックの際にも、株価は5年半で暴落前の最高値に戻り、その後も上昇を続けているのだ。さらに、暴落が起きたときでも毎月決まった金額を積み立てていけば、株価の下落とともに君の購入単価の平均は下がっていき、暴落前の資産に戻る期間を大幅に早めることもできる。世界の株価は、大暴落しても必ず回復する。投資に対して過剰に怖がる必要はないのだ。

それに、もしものときに必要なお金と5年以内に使うお金を、元本が保証されている定期預金に預けておけば、たとえ世界の株価が大暴落しても、いまの生活や近い将来のお金に困ることはない。

＊世界経済への投資はこんなに簡単

世界経済に投資をすれば、株価の暴落があったとしても、長期的には経済成長とともに資産が増えていくのはわかってもらえたはずだ。ただ、それでも君は投資をすること自体が難しそうだと思って、気後れしているかもしれない。心配はいらない。世界経済への投資は、給料から自動で定期預金を積み立てるのとさほど変わらない。それほどに簡単なのだ。それすら面倒くさいと思うかもしれないけれど、世界経済へ投資をした場合としない場合では、

図表4-4　ドル・コスト平均法による世界経済への積み立て投資をした場合の資産の推移

前提
投資開始の金額：321万円　　投資リターン：年間5％
積立て金額：2.7万円/月

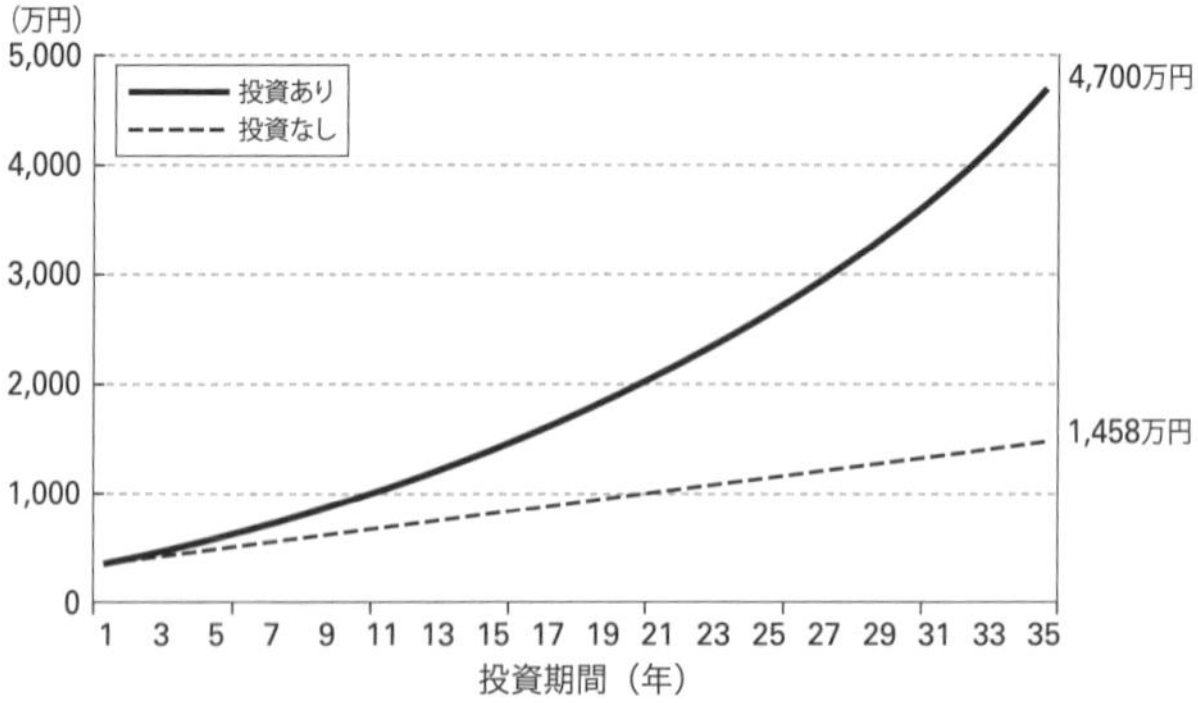

上記の前提をもとに筆者が試算

将来の資産に大きな差が出るので、手間を惜しまずに実行してほしい。

投資を続けていくための具体的な手順は、この章の後半で伝えていくけれど、**とにかく毎月決めた金額を積み立てよう**。これを「ドル・コスト平均法」と呼ぶ。ドル・コスト平均法の最大のメリットは、世界の株価が高いときには株を多く買わずにすみ、株価が安いときにはたくさんの株を買えることだ。この手法で世界経済へ投資した場合と、しなかった場合では資産額が大きく異なり、35年後には約3000万円もの開きができている（**図表4-4**）。

ここでは、世界経済の投資によるリターン（株価の上昇率）を、やや保守的に年間で５％と想定している。これは世界の株価の過去20年（１９９９〜２０１９年）における年間のリターンと同じだ。このリターンは、１００年に一度の株価下落を引き起こしたサブプライムショックとリーマンショックを含めているので、やや保守的と捉えてよい。二つのショックの影響が薄まる過去30年で見ると、年間リターンは７・２％になる。今後は、技術革新によって生産性がさらに伸びていくことも考えられるし、世界人口の老年化で伸びが少し衰えることも考えられる。どちらのケースも想定できるけれど、やや保守的に５％くらいのリターンを前提にしておくのがよい。

図表４-４に示した推移は毎年５％のリターンがある場合だけれど、実際の株価はそのような動きにはならない。年平均５％のリターンであった１９９９年から２０１９年の過去20年の実際の動きを見てみると、それがよくわかり、大きく上下変動しながら伸びていくのだ（次ページ**図表４-５**）。

もちろん、これからの20年が同じように動くことはないけれど、上昇する年もあれば、下落する年もあるのは間違いない。それでも、世界経済の長期的な成長によって株価が上昇することを考えれば、毎月決まった額を積み立て投資するドル・コスト平均法で、長期的には君の資産は大きく増加するのだ。将来を楽しむためにも気負いせずにやってみてほしい。

図表4-5　年間リターンと累計リターンの関係性（例：1999〜2019年）

出所）MSCI, All Country World Index, USドルベースをもとに筆者が作成

＊僕が世界経済への投資で学んだこと

僕もずっと世界経済に投資を続けている。原則３で伝えたように、生涯における住宅費のためで、いまは世界経済のリターンから家賃を支払えている。資産を減らすことも、稼いだ給料から出す必要もないので、とても助かっている。こんな状態になれたのは、世界経済の成長を信じて、ドル・コスト平均法で投資を続けてきたことが、唯一の理由だ。

僕が世界経済の投資を始めた１９９０年代の後半は、インターネット関連のベンチャー企業がアメリカを中心にたくさん台頭していた。ドット・コム（.com）ブームと言われていて、市場の株価は右肩上がりで、僕の資産も順調に増加していた。ところが、２０００年、株価が暴落した。ＩＴ業界を筆頭にたくさんの企業が成長していたけれど、株価はその影響以上に大きく上昇してしまい、加熱していた株価バブルが弾けたのだ。投資を始めてから数年後、僕が経験した最初の暴落だった。

　このときは本当に怖かった。毎日のように下がり続ける株価を見ているのは辛くて、投資をやめようとも考えた。ただ、株価は必ず回復するのが歴史だったので、「いつか回復して上昇する」と信じ、積み立て投資を続けて暴落を乗り越えることができた。

　最初の暴落から7年。その間も何度か下落相場を経験して耐性ができたと感じていた。資産も順調に増えていた。そんな矢先、２００７年に僕が経験したことのない大暴落がやってきた。サブプライムショックとそれに次ぐリーマンショックだ。

　このとき、世界経済に投資していた資産は、1年以上にわたって減り続け、半分くらいになった。経験したことのない大暴落。僕は再び怖くなったけれど、このときもピーター・リンチの言葉である「暴落は買い場」と世界経済の成長を信じて投資をやめずに、愚直に積み立てを継続した。その結果、僕の購入単価の平均は株価の下落とともに下がり、世界の株価は暴落前の水準に戻るまで5年半くらいかかったけれど、僕の世界経済へ投資していた資産は3年半くらいで戻った。いまの僕は、大暴落が起きても怯えることはない。それはこのときの大暴落を経験し、そのなかでも積み立てを続けてきたおかげだと捉えている。
サブプライムショックとリーマンショックのあとも、何年かに一度の頻度で暴落は起きた。それでもずっと積み立て投資をやめなかった。おかげで、15年で一生分の住宅費の貯蓄が終わり、いまは家賃を給料から支払わなくて済むようになっている。それに、投資のリターンから家賃を支払っても住宅用の資産は増えるので、何年かに一度の頻度で個別株の投資のために資金を回すようにもなっている。

２０２０年は、新型コロナウイルスによる市場の下落で、住宅用の資産は9月時点で多少減っている。新型コロナウイルスがいつ終息するかはわからない。けれど、僕はまったく気にしていない。いままでの歴史と同様に、「世界を救いたい」「社会に貢献したい」といった成長意欲によって、ワクチンや根本的な治療薬が開発されて乗り越えられると信じているからだ。世界経済の長期的な成長を一点の曇りもなく信じているのだ。

世界経済に投資してよかったのは、生涯の住宅費を貯蓄できた点だけではない。世界がより見えるようにもなったのだ。

社会におけるお金の役割、信用の大切さ、僕たち人間が持っている欲、格差が生まれる原理など。世界経済への投資を通じて、経済やお金をより意識するようになり、さまざまなことが見えるようになった。世界経済への投資は、僕の視野を大きく広げてくれたのだ。

2　初めての君に最適な投資商品

＊投資のリターンとリスクは表裏一体

君が世界経済の投資を始める前に、投資のリターンとリスクの話もしておこう。投資のリターンとリスクは表裏一体の関係にある。つまり、より高いリターンを目指すときには、より大きなリスクを取らなくてはいけないのだ。そして、投資の世界におけるリスクとは、価格の変動幅のこと、株式なら株価の変化のことだ。

たとえば、君が年間で**5%のリターンを目指すなら、15%くらいの変動幅を許容しなくてはいけない**。だから実際の1年後のリターンは、5%を基準にプラスマイナス15%で、マイナス10%からプラス20%の範囲内に収まると想定する必要がある。この範囲に収まる確率は統計的には70%弱だ。95%くらいの確率で収まる変動幅は、だいたい2倍でマイナス25%からプラス35%だ。統計的には、20年に一度くらいの確率でこの範囲すら超えることもある。

図表4-6　エリア別の20年間における累計年間リターンの推移（例：1999〜2019年）

出所）MSCI, WORLD, EM, JAPAN, USドルベースをもとに筆者が作成

これまで伝えてきたように、株価は暴落しても必ず世界経済とともに回復するけれど、それでも一時的とは言え、資産が大きく減少するのに耐えられないこともあるだろう。そうしたときは、投資する金額を減らすようにしよう。たとえば、6年以上先に使うお金として30万円があったとする。7割くらいの確率で収まる変動幅を、15％から7・5％にしたいのであれば、15万円だけを世界経済に投資すればよい。そうすれば、株価が15％下落した場合でも、君の全体資産の減少幅は7・5％に収まる。ただし、この場合は毎年の平均リターンも、半分の2・5％ほどになることを受け入れなければならない。

世界にあるさまざまな国・地域の経済成長率は異なるので、それぞれの国・地域における株価の年間リターンも異なる。経済がすでに比較的発達している先進国23カ国、まだ経済発展が著しい新興国23カ国、日本の過去20年間における累計の年間リターンを**図表4-6**に示しておくので参考にしてほしい。

ここで注目すべきなのは、日本は外国と比べてリターンが低いことだ。これにはバブル崩壊後の不景気が長かったことや、少子高齢化の影響で年金や医療などの社会保障費が膨らんだこと、人口が増加しなかったことなどが関係している。それも今後の日本はさらに人口が減少していくのは明らかで、経済の成長率もほかの国よりは低くなるのが容易に想像できてしまう。そのため、**君が世界経済へ投資をするなら、「日本を除く世界」で始めるのがよい。**

＊最初は「eMAXIS Slim 全世界株式」がおすすめ

投資する際の商品についても説明しておこう。日本を除く世界経済へ投資するためには、「投資信託」の商品を購入する必要がある。投資信託とは、運用会社が投資したい人から資金を預かって、世界中の企業の株を購入して代わりに運用してくれる商品だ。投資信託の売買をする際には、三つの手数料が必要になる。

・購入するときの手数料（購入手数料）
・投資信託を行う会社に支払う運用管理費（信託報酬）
・売却するときの手数料（信託財産留保額）

手数料は以前に比べてだいぶ安くなっていて、購入手数料ゼロ、信託報酬が年間０・１％台（保有期間中に投資資金の残高に掛かる）、信託財産留保額ゼロの商品も出てきている。一方で、すべての手数料で投資資金の数％が掛かる商品もあるので、気をつけよう。**手数料と商品のよさには関係がない**ので、手数料はとにかく安いほうがよい。年間で数％の違いも、数十年の期間ではとても大きな違いとなってくる。毎年２％多くの手数料を支払うと、25年後の君の資産は４割くらい少なくなってしまうのだ。

では、どの投資信託を買えばいいかというと、日本を除く世界経済への投資で、手数料がもっとも安いのは「eMAXIS Slim 全世界株式（除く日本）」だ。２０２０年10月時点で、購入手数料はゼロ、信託報酬は年間０・11％、信託財産留保額もゼロとなっている。こだわりがとくになければ毎月決まった金額をこの商品に投資していけばよい。今後、これよりもっと安い手数料の商品が出てきたら、その商品に投資資金を移して積み立てをしていこう。手数料は、証券会社のホームページで数回クリックすれば、商品とともに一覧で確認することができる。難しくないので、商品を買うときは自分で一度見てみてほしい。

また、投資信託の一種であるＥＴＦ（Exchange Traded Fund の略）という、株式市場に上場している投資信託商品の購入を検討してもよい。ＥＴＦはまだ商品数が少ないけれど、投資信託よりも手数料が安いケースもあるからだ。日本を除く世界経済への投資で、もっとも手数料が安いＥＴＦは「上場インデックスファンド世界株式（ＭＳＣＩ ＡＣＷＩ）（除く日本）」だ。この商品の購入手数料は、証券会社と投資金額によって異なるけれど、毎月２万円を積み立てるとすると、ＳＢＩ証券の標準的な手数料で、１回の購入につき50～１００円だ。信託報酬は年間０・15％で、売却するときの手数料は購入手数料と同じとなっている。

君が世界経済に興味を持ち、各国の経済成長率やリスクの違いを把握できるようになったら、新興国やアフリカを中心としたフロンティア地域の配分を増やすなど、国・地域ごとの配分を変えてもよい。ただ、世界経済への投資は何もわからなくても恩恵が受けられるので、無理をする必要はない。まずは、**一つの商品で世界全体へ投資**できるものがおすすめだ。

3　決してやってはいけない投資

＊投機

これまで投資信託を例にして投資のメリットを伝えてきたけれど、投資のなかには決してやってはいけないものもあることを覚えておいてほしい。一つは投機だ。

投機とは、**勝者のリターンと敗者のリターンを足すと金額がゼロになる**商品にお金を投資することだ。

為替取引を例に、もう少し具体的に説明しよう。いまが1ドル＝100円だとして、君が誰かから1ドルを100円で買ったとしよう。この時点では、どちらも勝者でも敗者でもいない。それが1年後、1ドル＝120円になったとする。1年前に1ドルを100円で買った君は、この時点で20円のもうけを上げて勝者に、一方、1年前に1ドルを100円で君に売った相手は、君と同額の20円を損して敗者となる。これがゼロサムの取引だ。ゼロサムの商品は、もうかる確率が低いのでやめたほうがよい（**図表4－7**）。なかでも次の三つの商品には気をつけてほしい。

図表４-７　ゼロサムのイメージ

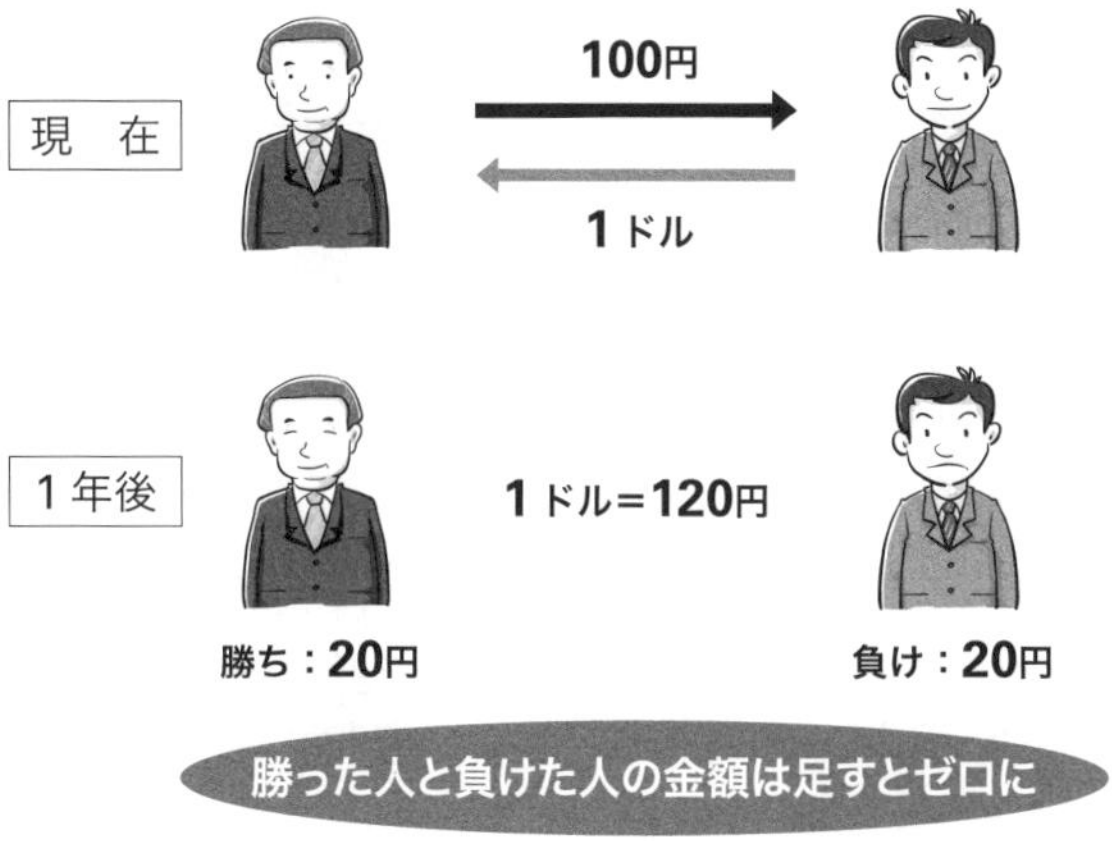

・ＦＸ（外国為替証拠金取引）
・デリバティブ（金融派生商品）
・短期売買を目的としたすべての金融商品

聞きなれない言葉があるかもしれないけれど、こうした商品にお金を拠出した場合、そのお金は社会に価値（商品）を提供するためには使われない。単に、金融商品を売買しているにすぎないのだ。これらに君の大切なお金を出すのはやめよう。

一方、世界経済への投資はプラスサムだ。つまり、全員が勝者になれるのだ。いま君を含めた１００人が、１人につき１万円を世界経済へ投資したとする。毎年５％のリターン

図表4-8　プラスサムのイメージ

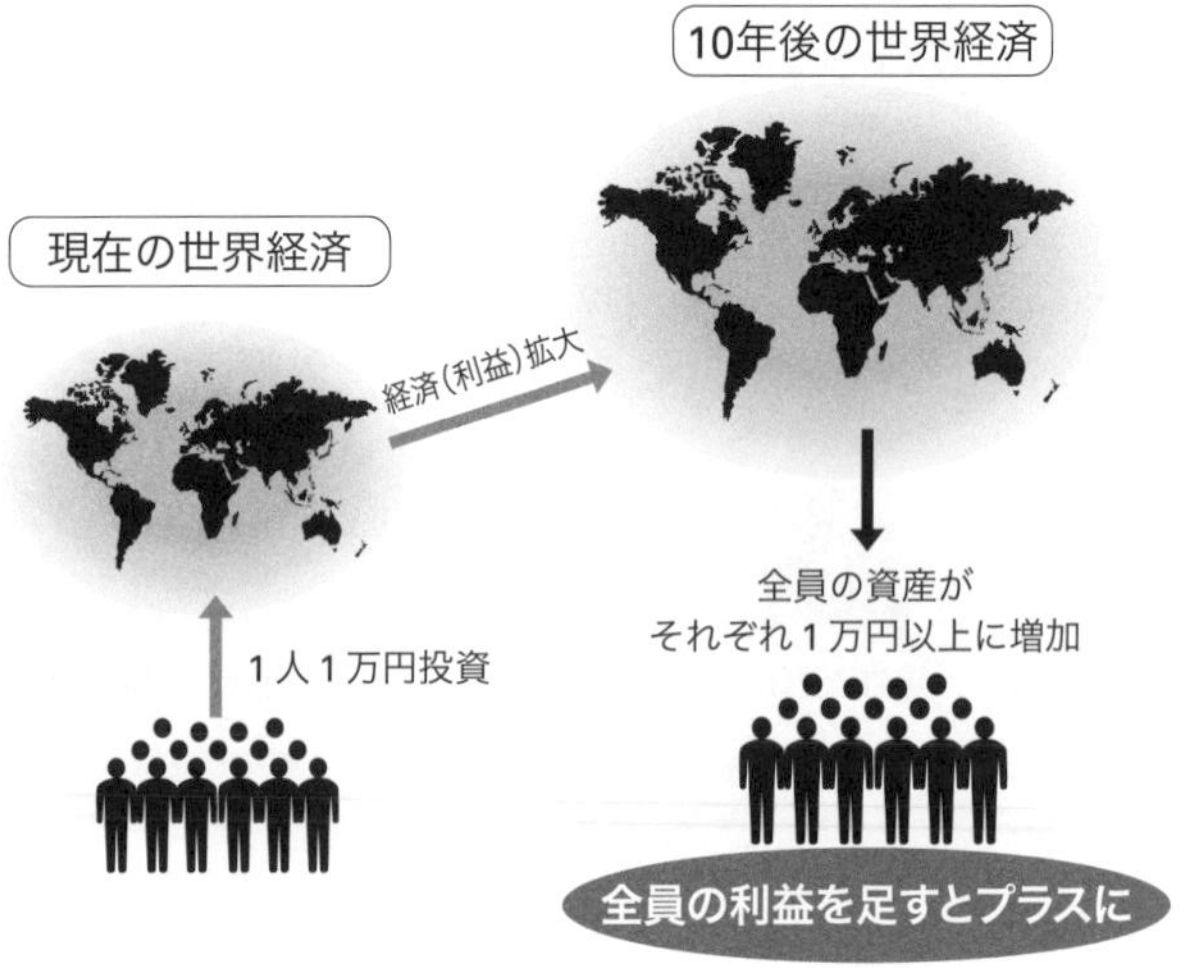

だと、10年後は、１００人全員の資産が、１万６２８９円（１万円×1.05^10）になる。全員が勝者になれる理由は、投じた資金が、社会により大きな価値（商品）を提供するために活用され、対価としての売り上げ・利益が増加して、それに連動して株価（投資信託価格）が上昇するからだ（**図表４-８**）。

ただ、世界経済への投資などプラスサムの商品であったとしても、短期的に取引するとすべてゼロサムになってしまう。株価と経済は長期的に見ると連動しているけれど、短期的には売買する人の思惑や心理で株価は動いている。市場の状況にもよるけれど、**市場が安定していると**

きは3カ月未満、不安定なときは1年未満を短期と捉えよう。こうした期間内で金融商品を売買してもうけようと思ってはいけない。君の大切なお金を、一か八かのギャンブルに使うことになるのだ。

＊手数料が高い商品

決してやってはいけない投資のもう一つは、手数料が高い商品の購入だ。手数料が高い商品でもうかるのは、君よりもその商品を売っている人だと覚えておいてほしい。具体的には主に次の三つの金融商品だ。

・外貨預金
・貯蓄を目的とした保険
・金融機関がすすめるすべての金融商品

外貨預金と保険にお金を出した場合、そのお金は社会に価値（商品）を提供するために使われるけれど、差し引かれる手数料が非常に多く、君が受け取れるお金はとても少ない。

金融機関がすすめている商品も手数料が高いことが多い。とくに対面ですすめられる商品については、金融機関の人件費や店舗の家賃なども費用としてかかっているので、手数料が高くなる傾向にある。専門家の話を聞いてみたいと思うかもしれないけれど、彼らは君の資産を増やすことを目的にしているのではなく、「商品を売って手数料を稼ぐこと」を目的にしていると覚えておいてほしい。中には、投資の意義と意味を理解し、社会や君のために金融の知識と経験を提供したいと考えている専門家もいるだろう。ただ、残念ながら僕はそのような人に出会った経験がないし、君が遭遇できる確率も極めて低いだろう。それなら知識と経験に裏づけられている本を読むほうがよい。

4 投資でもっとお金を増やす方法

*より多くのリターンを求めるなら国内個別株

投資信託を通じて世界経済へ投資をすれば、君の楽しい将来に必要な老後資金や住宅資金は形成できる。ただ、君のほかのやりたいこと・目的のためにもっとお金が必要になることもあるだろう。そんなときは国内の個別株投資がおすすめだ。

僕も老後資金は世界経済の投資で形成したけれど、その資金を使うのはまだずっと先なので、いまは国内の個別株投資で運用している。また、原則３で伝えたように、投資を通じてさまざまな素晴らしい企業と出会ってから、企業が新しい価値を創造するために必要なお金を拠出して、応援するのも目的になったのだ。そのため、必要な貯蓄を除いて僕の全資産のほとんどは、個別株の投資に回している。

国内の個別株をすすめる理由は二つだ。一つは、企業が成長していくかの見極めができれば、もっとも高いリターンが期待できること。もう一つは、海外と比べて投資に必要な情報収集が簡単なことだ。企業を調べるときに、言語の違いによる壁がないのはもちろん、国内を中心に事業を展開している企業なら、日ごろから生活している国なので、いろいろな商品を肌感覚とともに評価できる。僕は、海外ではなく国内の個別株投資をしているおかげで、投資に使う時間を最小限に抑えられている。旅行や読書、農業など、ほかの楽しいことにもたくさん時間を使えているのだ。

一方で、君は国内経済だと今後、諸外国なみの成長率は期待できないと不安になるかもしれない。確かに、国全体の経済が大きく成長するのは期待できない。ただし、個別企業で見ると、それはまったく別の話だ。新しい商品をつくり上げて、どんどん成長している企業はたくさんあるし、国内を事業の中心にしながら需要が旺盛な海外に進出して成長している企業もある。こうした企業を見つけて投資すれば、日本だから不利ということはないのだ。

僕は、約20年間の個別株投資で元本を300倍に増やしたけれど、これは投資したそれぞれの企業が、社会により大きな価値を提供して利益を上げてきた結果だ。こうした企業を一定の確率で見極められるようになったのは、ピーター・リンチの手法にならって投資を始めたことが大きい。彼の手法で投資をしながら成功と失敗から学びを積み上げて、独自の投資の3原則をつくり、つねに原則に従って投資を続けてきたのだ。僕の投資の3原則は、「長期安定成長」「安全性」「割安性」の三つだ。それぞれ紹介していくので参考にしてほしい。3原則は少し難しいと感じる部分があるかもしれないけれど、君なりの理解を得るためにも、あとでノートにまとめてみてほしい。

＊投資の原則①：長期安定成長

僕が投資判断をするうえでもっとも大切にしている原則は、企業の成長性。企業の将来にワクワクできるかということだ。このワクワクは、企業がより大きな価値を社会に提供していくストーリーを、僕のなかで明確に描けたときに感じることができる。

企業が社会に提供する価値の大きさは、必要な資金が調達できたら、「ノウハウ」と「挑戦」の掛け算で決まる。だから、僕が企業の成長性を見極めるうえでもっとも重視するのは、企業の**「強み（競合他社より優れたノウハウ）」と、それを活用して消費者や顧客が抱えている課題を解決するための「挑戦し続ける姿勢」**だ。

ではその企業が強みを活かして挑戦し続けているのかを見極めるにはどうしたらいいのか。この話をする前に、「損益計算書（P&L）」について話しておこう。これを知っておくと、次からの話がすっと理解しやすくなる。

損益計算書とは、ある期間における企業の成績（業績）をまとめたものだ。上場企業（市場で株式を簡単に売買できる企業）であれば、3カ月ごとに業績を公表している。そしてこのなかに書かれていることのうち、投資をするうえで最低限覚えておくべき業績の指標は次の五つだ（次ページ**図表4-9**）。身近な鉄道会社を例に一つひとつ説明していこう。

・売り上げ

売り上げは、商品を消費者や顧客に売って得たお金だ。通勤のため、一定の時間で安全

図表4-9　損益計算書の概要

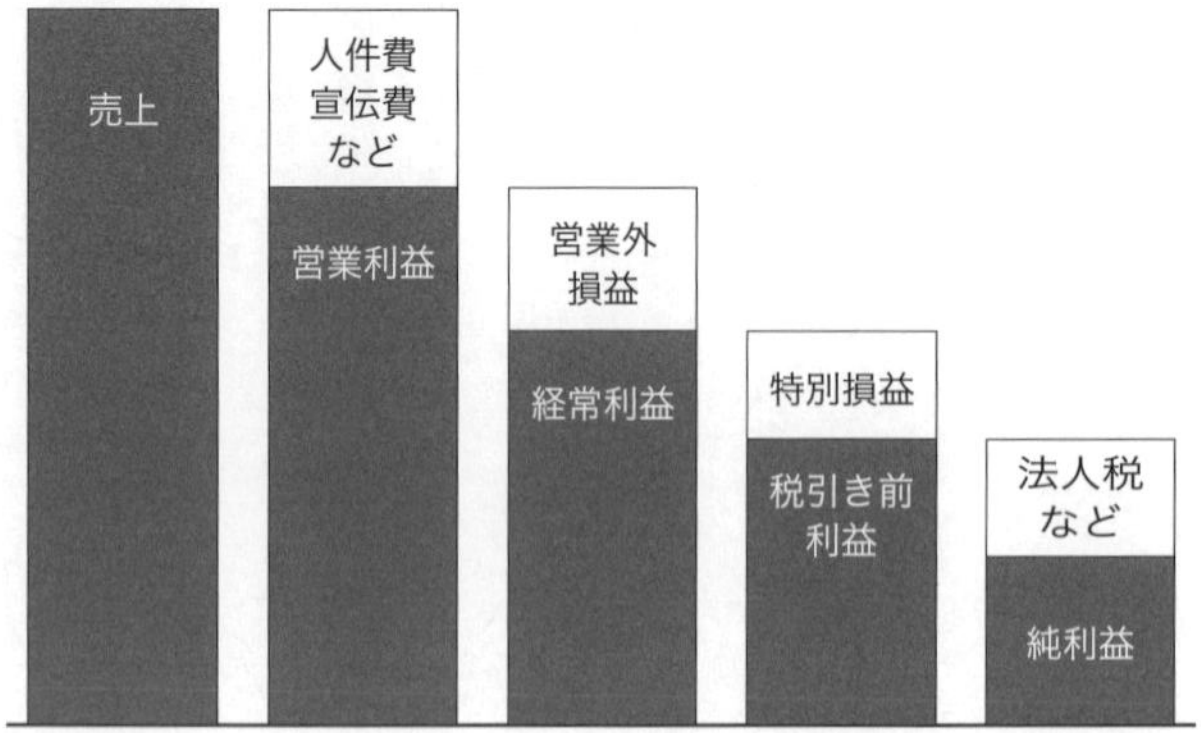

に君を会社まで運んでくれる鉄道会社の売り上げは、君が移動の対価として支払っている切符代金になる。

・営業利益

営業利益は、売り上げから商品を売るのに必要な費用を差し引いたあとに残るお金で、本業の事業で得た利益のことをさす。費用は、鉄道会社で言えば通勤のために定期券を販売している券売機の購入費や、窓口で定期券を売っているスタッフの人件費、改札機や車両の製造費、電車を動かす電気代、夜間にレールの安全点検するための人件費、テレビCMの広告宣伝費などで、会社によってさまざまなものがある。

・経常利益

経常利益は、営業利益に本業以外で生みだした利益を加算したものだ。たとえば、鉄道会社がオフィスビルを所有していて、それをほかの会社に貸し出し、賃貸収入を得ていたとする。この場合、賃貸収入からオフィスビルのメンテナンス費用や、警備員の人件費などを差し引いた金額が、本業以外の利益として残る。この利益を営業利益に加えたのが経常利益だ（実際の鉄道会社は、不動産業も本業の一つとして展開しているケースが多い）。

・税引き前利益

税引き前利益は、経常利益に一過性の利益を加算したものだ。鉄道会社が、オフィスビルを売却して、10億円の利益を得たとする。このようなときは、10億円を特別利益として、経常利益に加算した額が税引き前利益になる。逆に、オフィスビルが災害に見舞われ、鉄道会社が修復のために2億円を費やしたとする。この場合は、2億円を特別損失として、経常利益から差し引いた額が税引き前利益になる。

・純利益

純利益は、税引き前利益から法人(会社)としての所得税や住民税などの税金を差し引いた利益だ。最終利益や税引き後利益とも言い、この利益が、さらなる成長に向けた投資や株主への配当金の原資になる。

損益計算書にある各種業績の指標がどんなものか、わかってもらえただろうか。では、ここからは本題の企業が強みを活かして挑戦しているのかを見極めるための話をしよう。僕が実際に投資した企業を例に説明していく。

2017年6月。最新号である『会社四季報夏号』の最新データが反映された「四季報オンライン」を使って、僕はいつも通り投資の候補企業を探した。

僕は年に投資する企業は多くて4~5社だけれども、年4回、『会社四季報』が発売される度に投資の候補企業を探している。「四季報オンライン」は、3700社以上の上場している全企業をさまざまな指標でスクリーニングできて、とても便利だ。

このときもスクリーニング機能を使って、今期と来期の予想売り上げ、営業利益、純利益の成長率を設定して、成長が期待できる企業を検索した。利益の成長率は、期待する年間リターンに合わせて設定している。長期的に、株価は利益に連動しているのだ。僕は、20％のリターンを毎年の目標にしているので、いつも利益の設定は20％以上だ（売り上げも同じにしている）。あとで説明するけれど、ＰＥＲという指標も、数値は設定せずに項目だけを表示している。

調べた結果、売り上げと利益の予想が両方とも20％を超える企業はそれほど多くなかった。そこで、売り上げは20％、利益は10％で改めてスクリーニングをしてみた。成長のために大きな投資をすると、売り上げは増えても利益はそれほど増えない年もある。候補企業が少ないときは、成長企業を見つけるために利益の成長率を下げてみるのも有効だ。

スクリーニングで残った企業を候補として一つずつ見ていると、成長率が高い企業の一つとして、ギガプライズという会社に出会った。ギガプライズは、主にマンションやアパートなどの集合住宅に全戸一括でインターネットサービスを提供している企業だ。ギガプライズのホームページに行って調べてみると、3年間で売り上げは2倍、営業利益は3・4倍になっていることを発見した。過去の売り上げ、営業利益ともに成長しているのがよくわかった

図表4-10　ギガプライズの業績推移

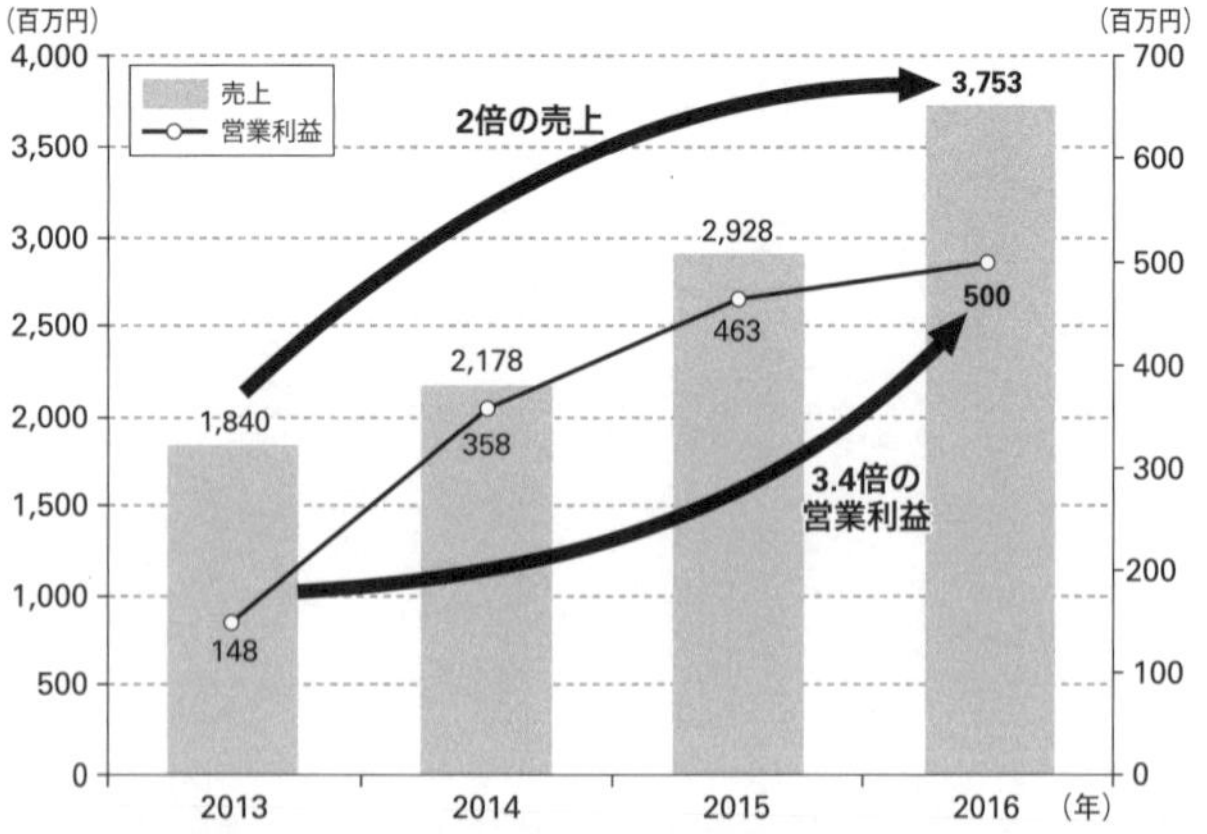

出所）株式会社ギガプライズ「決算説明資料」(2014年3月期〜2017年3月期)

（図表4-10）。

ギガプライズがここまで成長したのはなぜか、強みはあるのか。その理由を探るために、業界のシェアをネットで調べてみた。**僕は、企業に強みがあるかを判断するうえで売り上げの業界シェアをもっとも重視している。**シェアが伸びているということは、その企業が競合他社に対して強みを発揮している証だからだ。強みのある企業は、シェアを拡大していくので業界全体よりも大きく成長しやすいのだ。逆に、強みがない企業は、強みがある競合他社にシェアを奪われるので、成長率は業界平均以下、もしくはマイナス成長になりやすい。

図表４-11　集合住宅向けインターネットサービス（ISP）の市場規模とギガプライズの業界シェア

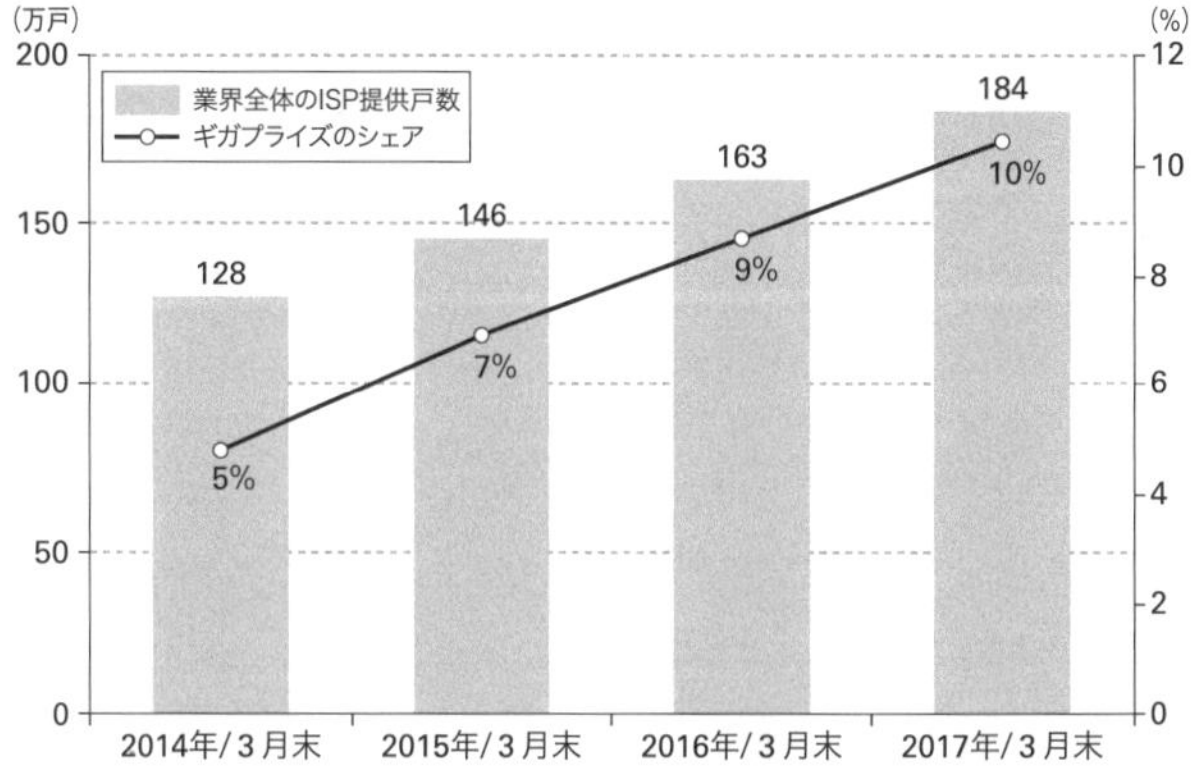

出所）株式会社ギガプライズ「決算説明資料」（2014年３月期〜2017年３月期）、MM総研「全戸一括型マンションISPシェア調査」（2014年３月末〜2017年３月末）をもとに筆者が作成

検索した結果、ＭＭ総研が毎年行っている業界動向とシェアの推移がヒットした。それによると、集合住宅向けのインターネットサービスは、業界全体も毎年成長していたけれど、ギガプライズはそのなかでもシェアを伸ばしていた（**図表４-11**）。

　すると次はどんな強みによってシェアを伸ばしてきているのかが気になる。そこで、僕はギガプライズの決算資料を読んだ。決算資料には自社の強みをアピールしているケースが多くある。

　ギガプライズの場合は、商品の特徴をアピールしていたけれど、強みは直接的にアピールしていなかった。ただ、ハウスメーカー最大手の大和ハウスなどにＯＥＭ（自社が他社ブランドの商品を製造して、他社に販売すること）していて、それが成長に大きく寄与していることがわかった。マンションなどの全戸一括型インターネットサービスを提供するうえで、ハウスメーカーとの提携は販路として重要だ。そこで僕は、ギガプライズの強みは「販売力」だと捉えた。

ここで企業の強みは次の五つのいずれかにあることを覚えておいてほしい。**こうした強みが見つからなければ、その企業に投資をしてはいけない。**

・商品開発力

原材料や部品、情報を調達・収集して、それらを加工・統合する力だ。たとえば、ネットでキーワードを入れたら瞬時に欲しい情報が出てくる検索エンジンは、ユーザーの膨大な検索履歴を収集し、そこからアルゴリズムを構築して、ユーザーの欲しい情報を適切に提供するサービスを強みとしている。ほかにも、飽きがこないシンプルなデザインで機能性が高い家具や雑貨を提供している専門企業は、消費者のニーズを徹底的に調査して、シンプルなデザインに需要があることを発見し、そのニーズを満たせるよう世界中から必要な資材を調達して商品をつくっている。ニーズを満たす商品をつくれることを強みにしているのだ。

・価格競争力

これは、競合他社と同等の商品を割安に設定できる力だ。商品をつくって売るには、原材料費や人件費、輸送費、宣伝費など多くの費用がかかる。他社と同等の品質でも値段を安くするには、いずれかのコストを効率化しなければならない。君が海外旅行へ行くとしよう。ツアーを探すと、同じ内容でも他社よりも割安なパッケージがあるはずだ。とくにネット専業の旅行予約サイトは割安なパッケージを提供していることが多い。こうした企業は、人件費や店舗の家賃などを効率化しているのだ。また、世界中からホテルの客室や飛行機の座席を大量に仕入れることによって、仕入れ単価を下げてもいる。これらによって、他社よりも安くツアーを提供できているのだ。

・販売力

商品は売る場所がないと売れない。広い販売ネットワークを持っているということは、それだけでも企業の強みとなる。加えて一瞬で目を引く商品ディスプレイやわかりやすい説明など、売り場での商品アピールのしかたも、購入率を大きく高める要因だ。君は、急にチェーン店の看板をあちこちで目にするようになった経験はないだろうか。そのような企業は、店舗数を急拡大していて、販売ネットワークを強みにしようとしている。君がネットショッピングで商品の説明を見て、すぐに購入を決めた経験があるなら、その企業は、巧みなアピール方法で購入率を上げるのを強みにしているのだ。

・マーケティング力

マーケティングとは、商品の購入理由をつくる力であり、商品を購入しやすい環境を構築する力だ。要するに商品を売るための「総合力」だ。マーケティングに強みがある企業は、自社の強みを最大限活かせて、競合他社と商品の差別化ができる消費者や顧客市場で事業をする。そして、消費者や顧客すらも気づいていない課題を発掘し、それを商品開発に反映し、魅力的な方法で彼らに価値を伝達する。商品と伝達方法によって消費者や顧客が感じる価値を最大化し、最大化した価値とみ合った商品の価格を設定し、消費者や顧客が商品を購入しやすい場所に販売網を構築する。君が、テレビＣＭを見た瞬間に「何この商品！　見たことない。これいい！」と興奮して、その商品を簡単に購入できたとする。実際に商品を使ってみて「こんな素晴らしいものを考えた人はすごい！」と感動して、ほかの商品より高い価格にも満足できた場合、その企業はマーケティングに強みがある。

・マネジメント力

マネジメント力と言うと、人やお金を管理することを思い浮かべるかもしれないけれど、ここでの意味はまったく違う。僕が考えるマネジメント力とは、個人と組織の能力やモチベーションを引きだす力であり、それらを高めていく力だ。そのために、マネジメント力のある企業は、明確なビジョンを設定していて、働くスタッフはそれを自分のありたい姿として、ビジョンの実現を真剣に目指している。それぞれのやるべきことも明確になっていて、それを達成するためのやりかたは任されている。フェアな評価が行われ、結果に伴った報酬制度もある。マネジメント力はほかの強みと比べると外からは見えにくいけれど、とにかく顧客を最優先にしていて働くスタッフがいきいきしているのが特徴だ。君が、店頭やコールセンターなどでスタッフと接したときにそう感じた経験があるなら、その企業はマネジメント力を持っている可能性がある。

これらの五つのいずれかに強みがあるか見極めよう。強みがある企業は、だいたい決算資料やホームページで自社の強みをアピールしている。ただ、最終的には投資家の窓口である**ＩＲ（Investor Relationsの略）に直接問い合わせて聞く**のが一番よい。決算資料などに書いてあることが、本当にその企業の強みとは限らないからだ。ＩＲと話をするときは、まず名前を名乗って、投資を検討している旨を伝えたうえで質問しよう。このとき必ず聞くべきことは次の四つだ。

・なぜ業界シェアが伸びているのか
・競合他社と比べて自社の強みは何か
・その強みは模倣されないのか
・模倣されないのはなぜか

企業のＩＲページではメールでの質問も受け付けているけれど、質問は電話でしよう。メールでは行間が読めないときが多く、強みをしっかりと特定できない可能性があるからだ。

最初は緊張して電話しづらいかもしれないけれど、心配はしなくていい。ＩＲは投資家のための窓口なので、丁寧に対応してくれるところがほとんどだ。

僕も、ギガプライズの強みを販売力と予想したあとは、それを確認するために、ギガプライズに電話をしてＩＲ担当者につないでもらった。僕は、ＩＲに電話をする前に、いつも質問する内容をメモしておいて、質問の回答もやりとりをしながらメモしている。電話が終わったら、特定できた強みも書き残している。残されたメモをもとに記憶をたどると、ギガプライズに電話したときの内容はおおよそ次のようだった。

「お世話になります。投資家の秋山と申します。現在、御社への投資を検討していて、いくつか質問があるのですが、よろしいでしょうか」

「ご検討ありがとうございます。ご質問をお願いします」

「決算資料を一通り拝見しましたが、業績はとても順調ですね。業界の動向も調べたところ、御社の業界シェアも伸びていますが、理由は何でしょうか」

「いくつかありますが、一番大きいのは大手ハウスメーカーさんとの提携です。ハウスメーカーさんが建設している集合住宅や管理している物件などに、弊社のインターネットサービスを導入してもらっています」

「わかりました。大手ハウスメーカーは、とても心強い提携先ですね。販売力がある理由が理解できました。ただ、競合他社もＯＥＭをしているようですが、御社の販売力の強みは今後も継続するとお考えでしょうか」

「はい。提携先のハウスメーカーさんは、自社グループ内の物件にインターネットサービスの導入を強化していますし、弊社もほかのハウスメーカーさんとの提携をいままで以上に強化していくことによって、販売力とさらなるシェアの向上を目指します」

「差し障りのない範囲で結構ですが、３年後くらいの中期視点でどの程度の成長を目指されていますか」

「業界シェアでナンバーワンを目指しています」

「わかりました。質問は変わりますが、商品についてはいかがでしょうか。業界シェア１位の企業さんが提供している通信速度のほうが速いみたいですが、通信速度と価格の面もふくめてお聞かせいただけると助かります」

「他社商品にもいろいろありますが、総合的に見て弊社の商品が劣っていることはありません。通信速度については１秒あたり１ＧＢの速度で満足されるお客さまがほとんどです。より通信速度の速いサービスも提供できますが、その場合は価格も高くなります。他社の価格は公表されていないので把握できないのですが、オーバースペックな商品を高い価格で提供するより、お客さまが満足できるスペックで価格を抑えて提供するほうが、結果的に売り上げも伸びると考えています」

「わかりました。お客さんが満足しているなら、そうですね。ちなみに、サービスの解約率は、どの程度ですか」

「年によって若干の変動はありますが、ずっと１％未満です」

「わかりました。ありがとうございます。検討させていただきます」

「ありがとうございました」

　ほかにもいくつかの会話はしたけれど、強みを特定する部分についてはだいたいこんな感じだったと記憶している。

ＩＲで強みを特定したら、それを再確認しよう。ＩＲはより多くの投資家を集めたいので、営業トークをしているときもある。強みの再確認は、ネットで業界動向を調べたり、企業の過去のニュースリリースを見たりして、聞いた話に食い違いがないか調べればよい。

ギガプライズのケースでは、ネットで業界や提携先の大和ハウスの動向を調べたりすることで次の二つが確認できた。

・提携先の一つであるハウスメーカー最大手の大和ハウスは、ＩＲの担当者が答えてくれた通り、集合住宅向けのインターネットサービスを、積極的にグループ内の物件に導入していた。今後もギガプライズの商品でサービス導入を強化していく方針も確認できた。

・ギガプライズは、以前からトヨタホームやＭＤＩ（賃貸住宅の着工数において関東エリアでシェアが1位の不動産企業）などと提携をして、商品の販路を拡大していた。

こうした再確認を経て、僕はギガプライズの強みを販売力と特定した。

次に重要なのは、ギガプライズは強みを活かしてこれからも成長し続けられるのかということだ。それを見極めるために、まずは、強みを活かせる機会が市場にどの程度あるのかを確認した。ここで覚えておいてほしいのが、企業のライフサイクルだ。一般的に企業は、開業から廃業までに次の五つのステップを踏む（次ページ図表4－12）。

①**創生期**：先行投資が大きく、業績は低迷する
②**成長期**：投資はさらに増加するけれど、商品の浸透によって業績も拡大していく
③**成熟期**：投資は減少するけれど、商品の普及によって業績は最大化する
④**淘汰期**：投資は継続するけれど、競争も激しくなって業績は悪化する
⑤**衰退期**：投資を凍結し、業績はさらに悪化する

企業に投資するうえで大切なのは、**投資先の企業が成熟期に入っていないこと**だ。成熟期前の企業は成長速度をどんどん加速させながら、業績を上げていく傾向にある。

では成熟期に入っていない企業とは具体的にどんな企業なのか。これには、二つのパターンがある。一つは、属する業界自体が成熟期に入っていない場合だ。売り上げ規模は伸びているにもかかわらず、まだ商品の普及率が低い業界は、業界自体が成熟期に入っていない可能性が高く、その業界に属する企業も成熟期の前だと予測できる。業界の売り上げ規模や商

図表4-12　企業のライフサイクル

	創生期	成長期	成熟期	淘汰期	衰退期
売上	低迷	拡大	最大化	低下	より低下
投資	先行投資	増加	減少	維持	なし

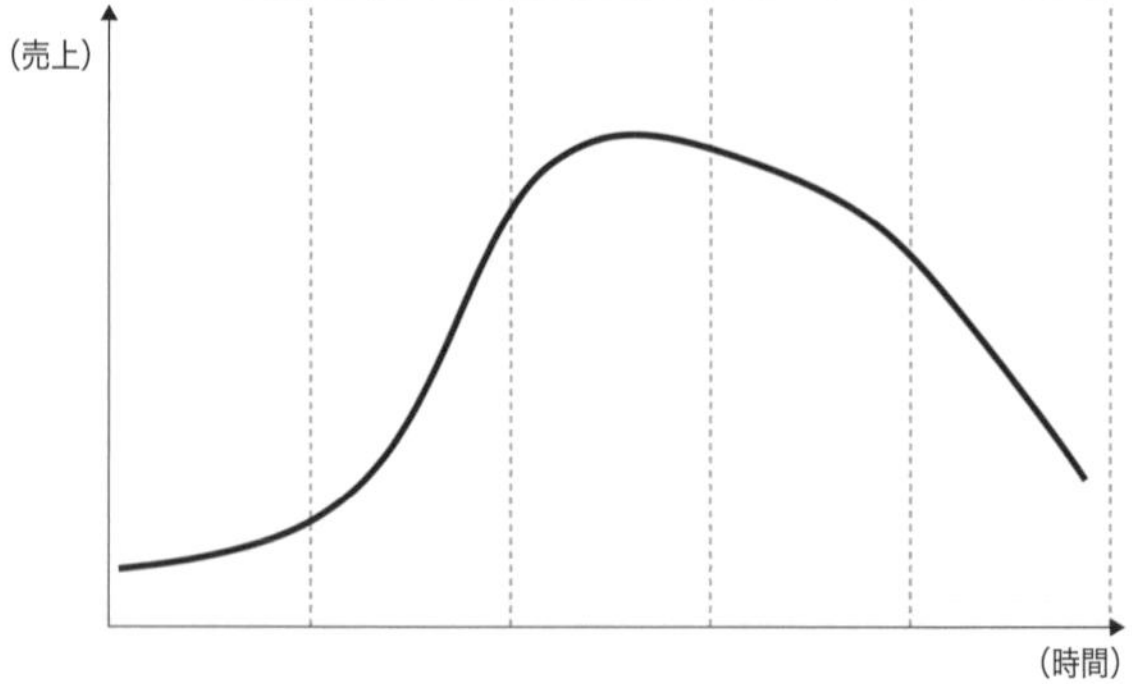

品の普及率は、ネットで簡単にわかるので、企業の強みを見つけたら調べてみよう。

もう一つのパターンは、業界が成熟していても個別の企業は成長している場合だ。こうした企業かどうか判断するときは、経営計画に納得できるかが最大のポイントになる。成熟している業界のなかでも成長していくためには、明確な強みはもちろん、具体的な数値目標と、それを達成するための戦略がより必要になる。成長意欲が強い企業であれば、3～5年先の売り上げや利益、実現のための戦略などが書かれている中期経営計画を公表しているので確認してみよう。納得のできる計画なら、企業が掲げているゴールを成長余地として捉えればよい。もし計画に納得できなかったり、成熟期の業界なのに、中期経営計画を公表していなかったりしたなら、その企業への投資はやめておいたほうがよい。中期経営計画は企業のホームページで確認できる。

ギガプライズが参入している全戸一括型インターネットサービス業界全体が、毎年2桁成長しているのは、業界シェアを調べたときにわかっていたので、商品の普及率が伸びる余地はあるのかを、僕は重点的に調べてみた。すると、当時の普及率は8・3％で、まだ普及していない状況がわかった。普及率はこれからも伸びる余地があるのかも調べてみると、都合がよいことに、全国賃貸住宅新聞の「賃貸マンションにおいて、どの設備があれば、周辺物件より家賃が高くても該当物件を選ぶか」というアンケート調査が見つかった。その調査によると「インターネット無料設備」は単身および家族世帯ともに、「エントランスのオートロック機能」や「お風呂の追い炊き機能」を抑えて1位だった。

僕の知人にも聞いてみた。みんな、「毎月4000円くらいのネット代金を支払っているけれど、それが無料になるなら2000円くらい家賃が上がっても得する」とのことで、「引っ越しのときにネットの回線工事も面倒なので、それがないのも助かる」という声もあった。僕自身も同じ意見で、ランキングには納得でき、消費者のニーズは高いことが把握できた。

さらに集合住宅にサービスの導入を決める管理会社やオーナー、組合側に立って考えてもみた。インターネットサービスはまだ普及率が低いので、管理会社やオーナーは、導入することで、近隣の類似物件と差別化ができる。家賃を少し上げれば、導入にかかる費用も賄うのは難しくない。それに、経年劣化などによる家賃の下落を食い止める設備にもなると考えられた。マンションを購入している管理組合にとっても、世帯ごとにプロバイダーと契約するよりも、集合住宅全体で一括契約をしたほうが、毎月の支出は抑えられるし、売却するときにも付加価値になるというメリットがあった。

これらを総合的に考えると、集合住宅での全戸一括インターネットサービスの普及率はどんどん高くなると予測することは容易だった。

成長期にある企業がしっかり成長するかどうか見極めるには、**企業が成長のために投資している金額を把握することも大切だ。**成長余地があっても企業が投資をしていなければ、実際に成長できる確率は低くなるからだ。投資金額が増加傾向なら、企業も成長余地があると捉えていて、そのために挑戦をしていることの裏づけになる。企業の毎年の投資金額は、決算資料で確認できる。

僕もギガプライズが市場をどう捉えているのか、成長のための投資をしているのかを見極めるために、毎年の投資金額の推移を確認した。すると、2015〜2017年の間で、それぞれ900万円、1・57億円、2・87億円と投資金額を増加させているのがわかった。ギガプライズも、市場の成長と自社の強みにポテンシャルを感じ、より成長しようと、人員の強化や商品開発のためにお金を割いていたのだ。

僕はこれら業界のサービス普及率や消費者ニーズ、管理会社やオーナーなどの利益、ギガプライズの投資金額の推移などを総合的に考えて、ギガプライズがライフサイクルで位置しているのは、「成長期」の初期段階と判断した。

候補先の企業が、**強みをさらに強化するために挑戦しているのか調べる**のも忘れてはならない。こうした企業は、ライフサイクル全般が長くなり、「成長期」も長く、成長速度も速くなるからだ。

ギガプライズの決算説明資料を見てみると、将来的には不動産事業を会社のもう一つの柱にしようと試みていることがわかった（次ページ図表4-13）。具体的には、この時点で「イ

図表4-13　ギガプライズの中期成長イメージ

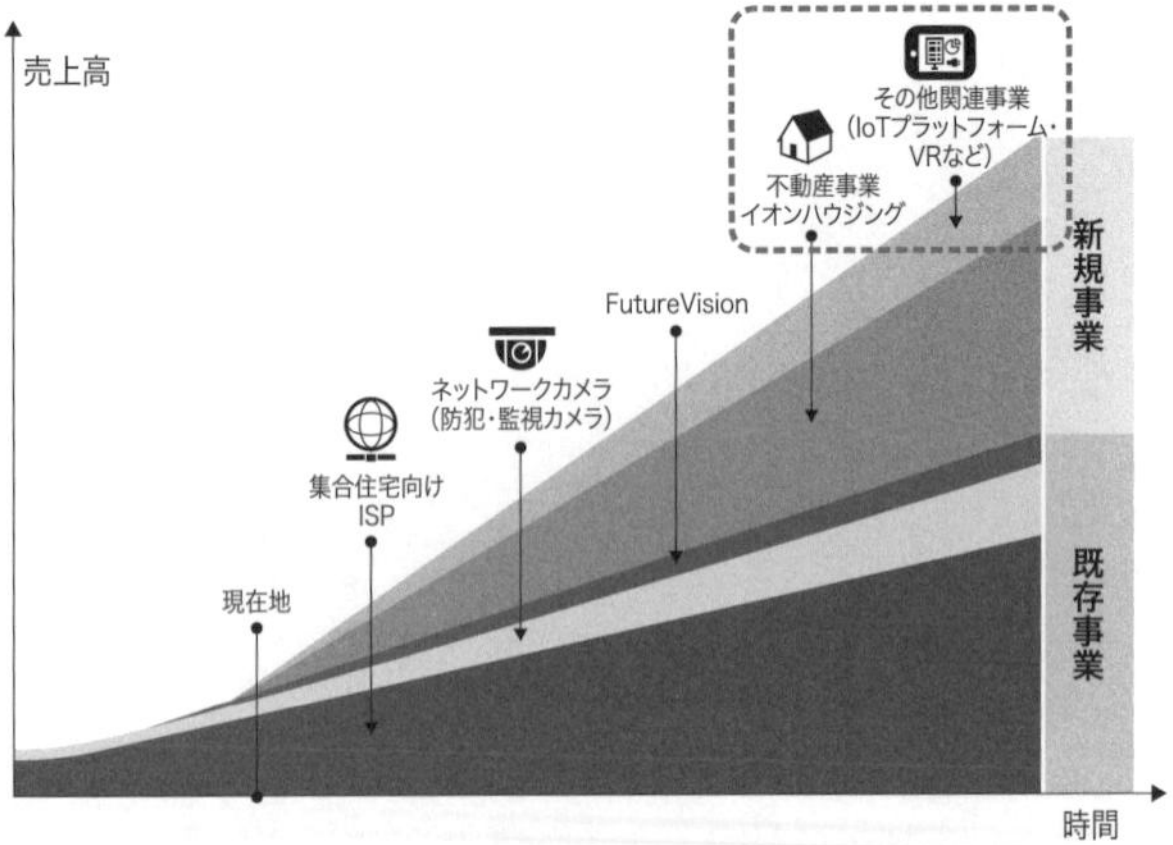

出所）株式会社ギガプライズ「2017年3月期　決算説明会資料」

オンハウジング」のフランチャイジングをしている「フォーメンバーズ」をＭ＆Ａする形で事業を始めていた。「フォーメンバーズ」の具体的な事業というと、住宅・土地の売買や、賃貸の仲介をする不動産屋に「イオンハウジング」の看板を貸し出し、物件売買や管理などに必要なシステムのアクセス権を渡し、対価として看板とシステムの使用料を受け取ることだ。僕がここで着目したのは、不動産事業への参入によって、インターネットサービス事業の強みである販売力をさらに強くできるメリットがあることだった。

不動産屋は、ハウスメーカーや管理会社、オーナーなど、インターネットサービス事業の顧客と直接的な関係がある。そんな不動産屋が、ギガプライズの商品を導入している物件、つまり無料Ｗｉ‐Ｆｉが整備された比較的優良な物件を、顧客にどんどん紹介して契約を結ぶと、ギガプライズの商品を導入していないハウスメーカーや管理会社なども、顧客獲得のためにギガプライズの商品を導入するようになる。

僕は、ギガプライズが不動産事業を強化することで、このような商品の導入率がより高くなる道筋を描くことができた。その時点では、不動産屋の店舗数はまだ少なかったし、不動産事業も赤字だったけれど、店舗数を急拡大していく予定であることがわかったので、ギガプライズの成長期は長くなると判断した。

ギガプライズは他社の事業をＭ＆Ａする形で今後も成長していく未来を描いていた。このような方法も合わせて有望な成長戦略の代表例は、次の三つなので覚えておこう。成長意欲が強い企業なら、どのような成長戦略を描いているか、ホームページのＩＲ欄や中期経営計画、決算説明資料などに記載しているはずだ。

・自社の強みと好環境を活かした新規事業の展開
・自社の強みを活かした既存事業における新規顧客の獲得

図表4-14　企業の成長性は2ステップで見極める

ステップ1：企業の強みは何か	ステップ2：その強みは持続可能か
●投資の検討企業を見つける	●市場の機会を特定する
●企業の強みを特定する	●企業の投資金額を確認する
●強みを再確認する	●成長戦略を確認する

・他社との提携（もしくはM&A）による既存事業の強化、新規事業の展開

ここまでの検討プロセスを終了した時点で（**図表4-14**）、入居者とマンション管理組合などの顧客にとって、価値のある全戸一括型のインターネットサービスが普及していくイメージを持てた。そのなかで、ギガプライズがより大きな価値を社会に提供していくイメージも明確に想像できた。そして、ギガプライズが必要としている資金を提供して応援したいとの気持ちになり、ワクワクした感情が溢れてきた。

＊投資の原則②：安全性

投資の原則①である長期安定成長の話が少し長くなったけれど、ここからは残りの原則について話していこう。まず、企業の安全性だ。

企業は倒産してしまうことがある。倒産した場合、君が投資した金額がゼロになる可能性は否めない。そんな最悪の事態を避けるためにも、**投資する前に安全性を評価するのを忘れないようにしよう**。これを見極めるには「バランスシート（貸借対照表）」が大いに役立つ。

バランスシートとは、企業の財務状態を示した資料で、主に資産と負債がそれぞれどれくらいあるかが書かれている。資産というのは家計でたとえると、マンションや自動車などで、負債はそれらのローンだ。企業も同じで、さまざまな資産と負債を抱えている。僕の働いているテーマパーク業界を例に説明しよう。

テーマパークを運営するには、アトラクションやステージなどの施設、チケットを販売するシステム、物販商品の在庫、食材を仕入れるための現預金など、さまざまな資産が必要だ。こうした資産を保有するために必要な資金を調達するにはどうするか。方法は大きく分けて二つある。一つは、銀行から借入れをしたり、社債を発行したりして借金する方法。もう一つは、株主から出資をしてもらったり、事業の利益から積み立てたりして、返済が必要ない資金を集める方法だ。この返済の必要がない資金を「自己資本」と呼び、これが企業の安全性を判断するうえで重要になってくる。

企業が倒産するときは赤字になったときではない。借金の返済ができなくなったときだ。

なので、全資産のうち、どの程度を返済しなくてよい自己資本で賄っているのかが、安全性を見極めるうえで重要な指標になるのだ。これを、「自己資本比率（＝自己資本÷総資産）」と言う。

自己資本比率が高いほど借金返済の負担は少なくなるので、企業は倒産しにくい。ただ、借金をまったくしていない企業は、大きな成長につながる投資機会を失っている可能性もあるので、単純に自己資本比率が高ければよいわけでもない。ライフサイクルの創生期や成長期にいる企業は、成長に向けた投資のためにより多くのお金を必要とし、銀行やほかの金融機関などからの借金で賄うことも多いので、自己資本比率が低い傾向にある。

自己資本比率は、何割がよいと一概には言えないけれど、僕は30％以上あれば中期的な視点から倒産しにくいと考えていて、これを一つの目安にしている。

自己資本比率と合わせて、「流動比率」から短期的な安全性も見極めよう。資産と負債は、それぞれ流動と固定に分けられる。流動には１年以内に現金化できる資産もしくは返済しなくてはいけない負債が分類される（図表4-15）。流動比率は、この流動資産を流動負債で割った数値で、１００％あれば、１年以内に返済しなくてはいけない借金は、１年以内に現金化できる資産で賄えるので、理論的に1年以内には倒産しないことになる。流動比率も業界

図表4-15　資産と負債を流動と固定で分けたときの関係

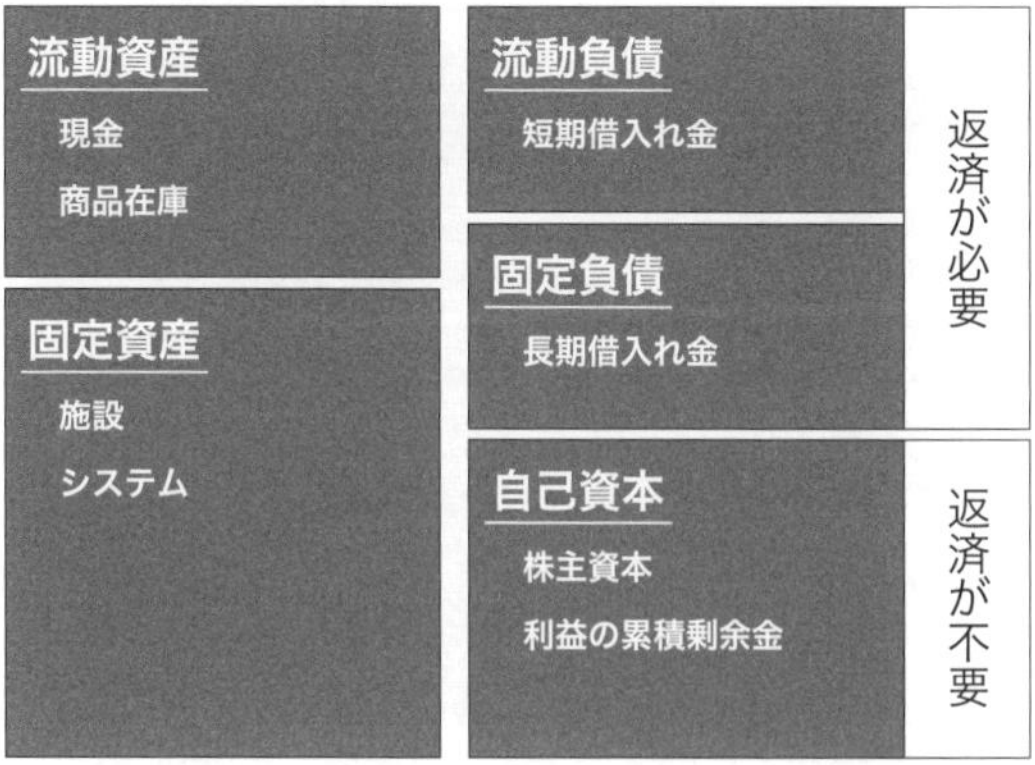

や企業によって適正値が異なるけれど、僕は１２０％を目安にしている。

まとめると、僕は**自己資本比率が30％以上、流動比率が１２０％以上なら、何かが起きたとしてもすぐに倒産する危険性は低く、安全性は高いと捉えている。**２０１７年にギガプライズへ投資をしたときも、決算資料のバランスシートを見て、自己資本比率は50％、流動比率は１７９％だと確認できたので安心して投資に踏みきることができた（次ページ図表4-16）。

＊投資の原則③：割安性

最後の原則は割安性だ。一般的に株価は利益に連動しているけれど、投資家の思惑や不適正な評価によって割高・割安の企業はつねに存在する。

図表4-16　ギガプライズのバランスシート

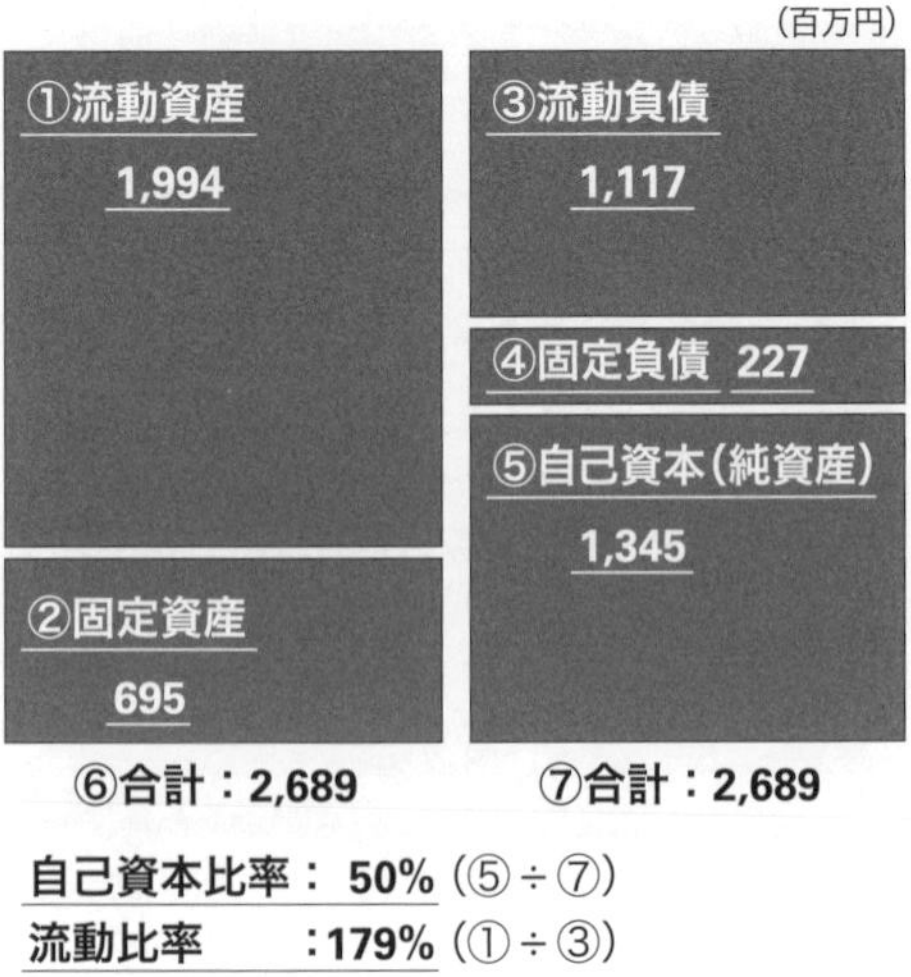

出所）株式会社ギガプライズ「平成29年3月期　決算短信〔日本基準〕連結」をもとに筆者が作成

株価が業績に対してすでに割高の場合、業績が成長しても株価はあまり上昇しないかもしれない。一方で、割安な企業が成長した場合は、リターンには業績の成長に加えて、株価水準が割安から適正になることによる上昇分も期待できる。**株価が割安な企業への投資は、投資の成功幅を大きくする**のだ。

業績に対して株価が割高なのか、割安なのかを判断するには、まず前知識として「PER（Price Earnings Ratio の略）」を知っておこう。PERとは、日本語にすると株価収益率で、株価が1株あたりの利益の何倍かを示す指標だ。１株あたりの利益とは、企業の純利益を発行株数で割った金額をさす。たとえば、株価が１０００円、純利益が１０００万円、発行株数20万株の企業があるとする。１株あたりの利益は１０００万円（純利益）÷20万株（発行株数）で50円。ＰＥＲは１０００円（株価）÷50円（１株あたりの利益）で20倍となる。

一般的にはＰＥＲが20倍以上なら株価は割高で、それ以下なら適正と言われている。けれど、ＰＥＲだけで株価の水準を判断するのはおすすめしない。なぜならＰＥＲは企業の成長速度を反映していないからだ。

二つの企業があるとしよう。Ａ社、Ｂ社とも同じ業種の小売店。１株あたりの純利益（50円）も株価（１０００円）も同じで、２社ともＰＥＲは20倍だ。唯一の違いは年間の利益成長率が、Ａ社は25％で、Ｂ社が10％であること。ただ、この違いが原因で、Ａ社とＢ社の１株あたりの利益は、３年後には約１・５倍、５年後には２倍近くと、年を経るごとにどんどん差が広がっていく。当然、株価の差も大きくなる。適正な株価の水準を見極めるためには、成長率も考慮しなくてはいけないのだ（次ページ**図表４－17**）。

そこで、僕が株価の水準を見極めるために活用しているのは、「ＰＥＧレシオ」という指

図表4-17　利益成長率が株価に与える影響

現在

主要指標	A社	B社
1株あたりの利益	50円	50円
PER	20倍	20倍
株価	1,000円	1,000円
年間の利益成長率	**25%**	**10%**

将来の1株あたりの利益

X年後	A社	B社	A社/B社
1年	63円	55円	**114%**
2年	78円	61円	**129%**
3年	98円	67円	**147%**
4年	122円	73円	**167%**
5年	153円	81円	**189%**

標だ。PEGはPrice Earnings Growthの略で、PERの要素に加えて利益成長率も考慮している。PEGレシオは、PERを年間の利益成長率で割って求める。さっきの2社の例で計算すると、次のようになる。

A社：0・8＝20倍（PER）÷25%（利益成長率）

B社：2・0＝20倍（PER）÷10%（利益成長率）

ピーター・リンチは、PEGレシオが1・0で株価は適正、2・0で極めて割高、0・5で極めて割安と提唱している。

同じＰＥＲでもＰＥＧレシオで見ると、Ａ社はやや割安、Ｂ社は極めて割高になるのだ。
業界によって違いもあるけれど、僕は、割安の基準として「**ＰＥＧレシオ＝０・７以下」を目安に投資**をしている。相場が楽観的な状況だと、割安な株は見つけにくいときもある。こうしたときは、無理に投資をする必要はない。逆に、相場が暴落しているときは、０・５以下の極めて割安な企業はたくさん見つかるはずだ。ただし、暴落している理由が企業の成長性を損ねないのかを見極める必要はある。それでも３年後くらいを見据えて成長性が失われることはないと判断できれば、それは投資をする絶好のチャンスだ。

僕がギガプライズへ投資をしたときも、割安性を見極めるためにＰＥＲと成長率を調べてＰＥＧレシオを算出した。ギガプライズは、売り上げで毎年20％成長することを目標に掲げていた。業界全体のポテンシャルとギガプライズの強みや戦略、過去の成長率などを考慮するとやや保守的ではあったけれど、僕はそれに従って売り上げが毎年20％、純利益は25％、成長すると想定した。ＰＥＲはギガプライズが公表していた１年後の１株あたりの利益予想をベースにすると17・5倍だった。これらをもとにＰＥＧレシオを計算すると、ＰＥＧレシオは０・７（17・5倍÷25％）になり、ギガプライズの株価は保守的な試算でも割安であることがわかったのだ。

＊投資の3原則を守って資産は6倍に

ギガプライズへの投資は、「長期安定成長」「安全性」「割安性」という投資の3原則に沿って決めたけれど（**図表4-18**）、投資を始める前には、どういったときに成長ストーリーが崩れるのか、リスク分析も行った。最大のリスクと捉えたのは、競合企業が数多くいるなかで他社がシェアの拡大を優先して価格を下げ、価格競争に入って利益率が落ちる状況だった。一方、ギガプライズの自己資本比率は高かった。仮に一時的な価格競争に入ったとしても勝ち抜ける体力があり、これなら許容できるリスクと考え、最終的に投資に踏みきった。

ギガプライズは、僕が２０１７年６月に投資を開始して以降、社宅の管理事業に参入したり、ミサワホームと提携をしたり、イオンハウジングを急速に拡大したりしながら、販売力という強みを大いに発揮・拡大していった。２０１８年は、米中の貿易戦争や世界経済の減速などで日経平均は11％のマイナスになったけれど、ギガプライズは強みを活かして社会により大きな価値を提供し、挑戦しながら成長していった。結果、２０１９年11月にギガプライズの株を売却して投資を終了したときには、始めたときと比べると、ギガプライズの売り上げは4倍、利益は3倍になっていて、僕が投資した資金も2年半で6倍に増加した。このうちの3倍は、業績の拡大によるもの、2倍は従来の割安な株価が市場で見直されたことによるものだった。

ギガプライズの投資を終了したのは、半年先の予想ベースでＰＥＧレシオが１・６、１年半先で１・28と、株価が適正水準になっていたことと、ほかの成長企業のなかで、株価が割安に放置されている企業を見つけたからだ。

図表4-18　投資の3原則のまとめ

原則1：長期安定成長

- 強みを特定する
- 強みが持続可能かを見極める

原則2：安全性

- 自己資本比率で中期的な安全性を見る
- 流動比率で短期的な安全性を見る

原則3：割安性

- PEGレシオで割安性を見る

株価が割安で放置されている企業は、返済の必要がない資金を株式市場から調達するために、より多くの株数を発行しなくてはならず、資金調達は困難になりがちだ。たとえば、成長に向けた投資をするため10億円の資金調達が必要な企業があるとしよう。極端な例だけれど、現在の発行株数は１５０万株ですべて自社保有だとする。株価は１０００円だ。この場合、10億円の資金調達のためには１００万株（10億円＝１０００円×１００万株）を発行して投資家を募ればよいけれど、市場での株価が半分の５００円の場合は、倍の２００万株を発行しなくてはいけない（10億円＝５００円×２００万株）。１００万株を新たに発行した場合は、自社の保有率は60％で（１５０万株〈自社保有数〉÷２５０万株〈総発行株数〉）、２００万株を発行した場合は、43％だ（１５０万株〈自社保有数〉÷３５０万株〈総発行株数〉）。

ここで、経営権は全体の発行株数のなかでそれぞれの株主が持っている株の保有比率で決まる。つまり、より多くの株数を発行してしまうと、最悪、誰かに経営権を渡さなくてはいけない事態に陥ることもあるのだ。示した例の企業の場合は、２００万株を発行すると保有率は過半数を割ることになり、経営権を失う可能性がある。こうなってしまうとより大きな価値を提供するための戦略を、自らで決められなくなってしまう。逆に、経営権を守るためには株の発行数を抑える必要があるけれど、そうすると成長に必要な資金が十分に調達できないことになってしまう。

僕が、株価が割安に放置されている成長企業を見つけたとき、ギガプライズの株価は、割安から適正水準になっていたので、以前と比べると資金調達がそれほど困難ではなくなっていた。そこで、より応援が必要な成長企業に投資をするために、ギガプライズの応援を終了し、資金を調達したのだ。

＊ケーススタディ①：強みを見極める

これまでに「長期安定成長」「安全性」「割安性」という投資の３原則について伝えてきた。投資をするうえでは、どの原則も大切だけれど、株価が長期的に利益と連動しているため、成長性はとくに重要視すべき原則だ。**成長性を見極められるかが、大きな資産を形成するうえで最大の分岐点**になるのだ。

成長性の見極めは、強みの特定と持続性の確認の二つに集約できるけれど、紹介してきたように、それぞれにいくつかのステップがある。なかでもＩＲに電話をして強みを特定するフェーズと、特定した強みが持続するのかを定性面から見極めるフェーズの二つは、肝になる部分だ。とても重要なことなので、それぞれほかの事例も紹介しておこう。

最初は強みの特定だ。原則2で、僕が借金をして投資した話をしたけれど、そのときに紹介したテクマトリックスのＩＲに電話したときの話をしよう。

２０１５年当時、テクマトリックスは情報インフラとアプリの二つの事業を柱にして、安定的な成長を続けていた。市場全体も、サーバーを自社で所有せずにネットを通じて利用する傾向が強くなり始めていた。クラウドだ。２０２０年現在もこの傾向は続いているけれど、当時は、東日本大震災が一つの契機になり、サーバーを自ら所有した場合の、データ損失リスクが意識されるようになっていた。クラウドへの注目はいま以上に大きかったのだ。業界全体が成長していくのは明らかだった。

さらにテクマトリックスは業界シェアも伸ばしていた。医療分野での電子カルテサービスや、コールセンター分野での音声自動応答システムなどをクラウドで展開していて、いずれのシェアもトップクラスだった。そうした商品を販売するために、大手システムインテグレーターを含むさまざまな企業と提携をして、販路も拡大していた。

そこで僕は、テクマトリックスの強みは、商品開発力と販売力にあると捉え、確認のためにＩＲへ電話をした。当時のメモから記憶をたどると、次のような会話だったはずだ。

「お世話になります。投資家の秋山と申します。現在、御社への投資を検討しているのですが、いくつか質問させていただいてもよろしいでしょうか」

「ご検討ありがとうございます。よろしくお願いいたします」

「端的にお伺いします。御社の決算資料と業界動向を調べさせてもらいましたが、情報インフラとアプリ事業において、シェアが伸びてきている理由をお聞かせください」

「わかりました。一つは、医療分野でのアプリサービスなど、比較的ニッチな市場に特化してサービスを提供していることです。加えて、海外で実績のあるさまざまな関連商品を調達して、国内で独占的に販売しているのもあります。自社の事業領域と相乗効果が見込める企業をＭ＆Ａして、事業を拡大してきている背景もございます」

「わかりました。成長の要因はいくつかあるようですが、御社の強みは何でしょうか」

「もともと私たちは、商社の営業部門の戦略子会社だった背景もあり、国内外から商品を調達する際の選別と、調達した商品をお客さまに購入していただく営業には力を入れております。お客さまのご意見をしっかり聞き取ったうえで、使い勝手のよい商品を開発していくことにも注力しております」

「わかりました。そうしたことがシェアを伸ばしてきている原動力なのですね。競合他社にはそうしたノウハウはないのでしょうか」

「似たノウハウを持った企業さんもいるかと思います」

「では、今後は御社のシェアが停滞するリスクもあるとお考えですか」

「いえ。そうは考えておりません。私たちは、クラウドの加速度的な促進と、情報セキュリティー＆セーフティーの追求を二つの大きな柱に掲げております。いままで以上にお客さまのニーズや市場の動向を踏まえて商品開発をしたり、業務提携を強化したりしながら、次世代のＩＴサービスをつくるプロバイダーを目指していきます。労働集約的な請負事業とは一線を画します。そして、惜しみなくチャレンジしていくことによって、シェアの向上ともに成長できると考えています」

「わかりました。チャレンジする文化は、社内でどの程度浸透しているのでしょうか」

「どのように説明を差し上げたらよいのかわかりませんが、社風としては、自由な雰囲気のなかで、それぞれが裁量を持って仕事をしております」

「わかりました。ありがとうございました。検討させていただきます」

「よろしくお願いいたします」

このあとに過去のニュースリリース、決算説明資料、ネットでのテクマトリックスの評判、社長のインタビュー動画やメッセージなどを調べて、最終的に僕はマネジメント力、商品開発力、販売力の三つの強みを特定した。マネジメント力は、ＩＲへ電話する前の想定にはなかったけれど、ＩＲ担当者との会話のなかで強みかもしれないと気づき、調べてみたら特定できた。ホームページでの、社長のメッセージに込められた挑戦への熱い想い、動画から伝わってくる誠実さ、ネットで調べた社員の評判から読み取れる自由で裁量のある文化。これらを総合して考えると、企業スローガンである「超越を、創る。」のもとで、個人と会社がともに成長していく文化が形成されていることが読み取れたのだ。

ここで特定した企業の強みを評価するうえで、覚えておいてほしいことがある。それは競合他社や新規参入企業が、強みを模倣しようとした場合の各強みの模倣のしやすさだ。

まず、強みが模倣されるかどうかは、3年以内という期間のなかで考えよう。なぜなら、それ以上先の将来は読みきれないからだ。僕は、**つねに3年後の企業の強みと業績がどうなるのかをイメージ**しながら投資をしている。

では、紹介した五つの強みのなかで模倣されやすい傾向にあるのは何かというと、価格競争力だ。資金力のある競合他社や新規参入企業が、一時的な利益の停滞を許容してシェア向上を優先したときや、新たな設備投資をして生産コストを下げたときに価格は比較的簡単に割安となってしまう。他方で、もっとも模倣されにくいのは、マーケティング力とマネジメント力だ。この二つは、長期にわたって蓄積されたノウハウだったり、築かれた文化だったりが土台にあるので、資金や情熱があっても簡単には模倣できない。こうした傾向を念頭に置きつつ、ほかの企業に強みを模倣されないのか考えるのがよい。

テクマトリックスは、複数の強みがあって、なかでも模倣されにくいマネジメント力が強みにあった。だから、２０１５年に投資を開始したときも、２０１６年２月にチャイナショックのさなかで追加投資をしたときも、安心して株を買うことができた。２０１９年に投資を終了したときには、テクマトリックスの成長とともに、投資した資産も5倍になっていた。

＊ケーススタディ②：強みの持続性を見極める

企業の成長性を見極めるうえで、二つめの肝である「強みの持続性」についての事例も一つ紹介しておこう。僕が２０１５年に投資した丸千代山岡家だ。

丸千代山岡家は、幹線道路沿いで豚骨ラーメン店を経営している企業だ。僕が投資を検討していた２０１５年当時は、北海道と北関東を中心に約１３０店舗を展開していた。既存店の売り上げは順調で、新規店も年間で10店舗くらい出店していた。僕は既存店の売り上げが好調な理由は、商品開発力に強みがあるからだと捉えた。商品の値段を上げていたにもかかわらず、客数が増えていたのだ。小売企業への投資では、既存店の売り上げが増加傾向にあることがとても重要だ。既存店は、商品やサービスが消費者に受け入れられているのかを見極める最大のバロメーターとなる。既存店の売り上げが伸びていて、新規出店も加速している小売企業なら、成長ストーリーがつくりやすい。好調な既存店を支えている強みは、ほかのエリアでも再現できる可能性が高いのだ。当時の山岡家は、まさにそうした状態だった。

さらに山岡家は、北海道と北関東以外には店舗数がとても少なかった。すでに成功している北海道と北関東を見ても、ラーメン店の商圏を半径5キロくらいと考えると、出店の余地は大きく残されていた。客を囲い込むことができる商品開発力さえ持続すれば、市場を拡大するチャンスは大きい。そう捉えた僕は、確認すべく店舗に自ら足を運んだ。

当時、僕の住む関西には2店舗しかなかったので、大阪から電車で1時間半くらいかけて兵庫県の明石店に行ってみた。最寄り駅の山陽電鉄本線・西新町駅から国道2号線沿いを10分ほど歩くと、真っ赤な背景に白抜きで大きく「ラーメン山岡家」と書かれた看板が見えてきた。とても大きくて目立つ看板だ。すぐに店舗の外観も目に入った。壁のほぼ全面が真っ赤に塗装されていて、こちらにも上部の目立つ位置に、「ラーメン山岡家」と大きく白抜きでブランド名が書かれていた。男性的な力強さはあるけれど、女性や家族客にとっては入店しにくい雰囲気だと直感した。

店内に入ってみると、豚骨の匂いが店いっぱいに充満していた。僕は、豚骨ラーメンの本場とも言える福岡の街で、何十回と店に行ったことがあったけれど、経験したことのない鼻に突き刺さるような匂いだった。それに休日の夕食時だったのにもかかわらず、40席くらいある店内の3割も埋まっていなかった。今回の投資は見送りかもしれないとの考えが一瞬頭をよぎった。ただ、投資を見送るとしても、時間をかけてここまできたのだし、匂いからどんなラーメンが出てくるか気になっていたので、まずは食事を楽しむことにした。もっとも人気のあるメニューを聞いて、スープが豚骨ベースの「醤油ネギラーメン」を注文した。

5分と待たずに、薄い水色の器でラーメンが運ばれてきた。白濁の醤油スープをレンゲですすると、鼻腔の奥にガツンと衝撃がきた。おいしい。少し硬めの中太ストレート麺は、濃厚なスープとしっかり絡まっていて、喉ごしがよい。細長くカットされた白髭ネギは、繊維があってシャキシャキしたよい食感だ。結局、僕は、スープまで全部飲み干してしまうほど山岡家のラーメンを堪能した。

次の日は、豚骨ラーメンをチェーン展開している二つの競合他社の店を回った。ラーメン好きな僕は2店ともに満足した。二つの競合店は両方とも山岡家より客が入っていて、家族や女性も多く、客層が広かった。

数日後。僕は、山岡家への応援と投資を決断した。数日経ったときに、競合のラーメンではなく、山岡家のラーメンを再び食べたい衝動がわいてきたからだ。山岡家の客層は競合他社より狭い。ただその味は、「男性の豚骨ラーメン好き層」を病みつきにさせる。これは、ほかの店にはない。この中毒性のある味つけこそが山岡家の商品開発力であり、固定のリピート客を集める原動力となっていたのだ。これは、店舗拡大によって違うエリアに出店したときも再現できると考えた。さらに、他社が、山岡家より中毒性の強い商品を開発するのは簡単でなく、商品開発力という強みの持続性もあると判断し、投資することを決めた。

企業の強みやその持続性を見極めるためには、決算資料に書かれたデータやネットでの業界動向など、定量面で成長余地を確認したうえで、**実際に商品を体験したり、周囲に評判を聞いたりする**ことが大切だ。君自身が肌感を持って納得したほうがいい。もし納得できないまま投資をしたら、失敗したときは後悔しか残らないし、なぜ投資先の企業の商品やサービスがよかったのか説明できないと、成功しても次の投資に活かせない。

僕は、投資判断のプロセスのなかで、自分で商品を体験するフェーズをもっとも楽しんでいる。自分の知らない新たしい価値に出会ったり、商品を通じてつくり手の想いを感じたりすると、僕自身の心も豊かになるからだ。

山岡家の投資を終了したのは２０１７年だった。２年間の投資で、山岡家の成長とともに僕の資産も2倍に増加した。

5　投資の始めかたと続けかた

＊本で得た知識を実践でスキルにする

君が将来やりたいことのためにお金を運用する方法をこれまで伝えてきた。次は具体的に投資をどう始めて、どう続けていくのかについて話をしていこう。まずは、投資の始めかただ。投資を始める前には、基本的な知識が必要だ。世界経済の投資から始めるなら、この本でこれまで伝えてきた人口が増加していく事実、生産性向上の原動力となる僕たちの成長欲求、積み立て投資の有効性などの話を理解すれば知識としては十分だ。

基本的な知識を身につけたら実際に投資をしよう。投資を始めると、エリアごとの成長率やリスクの違い、市場が暴落したときに君自身の心理がどうなるかなどをもっと深く知ることができる。その経験は、さらに効率のよい世界経済への投資につながるのは間違いない。

それに、本では知識が身につくけれど、**実際に投資を経験しないと、君が得た知識はスキルに変わらない。**経験の裏づけがない知識は、いずれ記憶からなくなってしまう。ぜひ投資を始めて、学んだ知識を君のスキルにしてほしい。

個別株の投資をさらに詳しく知りたい場合は、僕の前著『お金からの解放宣言～秘刀の投資法とお金の在りかた～』（かんよう出版）を読んでもらいたい。僕の投資手法をさらに詳しく書いていて、お金と金融商品の詳細にも触れている。僕の愛読書でもある『ピーター・リンチの株で勝つ』（ダイヤモンド社）もおすすめだけれど、ちょっと難しいかもしれないので、この本は、個別株の投資経験を少し積んでから読んだほうがより身になるはずだ。

いずれにしても、大切なのは知識を得るために本を読み、その知識を実践に移して自分のスキルにすることだ。

＊投資を始めるのに必要なもの

実際に投資を始めるために用意すべきツールの話もしていこう。まず、世界経済の投資に必要なツールを紹介する。

・ネット環境とスマホ（もしくはパソコン）

この二つはネット証券口座を開設して取引をするために必要だ。もちろん、スマホの代わりにパソコンを使ってもよい。ただ、わざわざ投資のためだけにパソコンを購入する必要はない。

・証券口座

投資信託の商品を購入するためには、証券会社の口座を開設する必要がある。証券会社を選ぶときのポイントはいくつかあるけれど、とくに重要なのは三つだ。一つは投資信託の種類の豊富さ、次に手数料の安さ、最後にホームページの使いやすさだ。僕はいくつかの証券会社を使ってきたけれど、総合的に考えてＳＢＩ証券がおすすめだ。ＳＢＩ証券は投資信託の商品がもっとも多くて、ネット証券なので手数料も安く、積み立てなどの機能も豊富で操作も簡単だ。ＳＢＩ証券の口座開設は、ネットですぐにできる（スマホでも可能）。まずは、「ＳＢＩ証券　口座開設」と検索して、口座開設のページに行こう。時期によって異なるけれど10日くらいあれば開設が完了して取引ができるようになる。口座開設に費用はかからない。

・つみたてＮＩＳＡ（少額投資非課税制度）口座

世界経済へ投資をするときは、「つみたてＮＩＳＡ」口座を開設しよう。つみたてＮＩＳＡとは、投資で得た利益に税金がかからない口座だ。年間で40万円までの投資額に対して、投資を開始した年から20年の期間で得た運用益に対して税金が免除される。たとえば、毎年40万円（月に約３・３万円）を世界経済へ投資して、年間リターン５％で20年間積み立てを続けたとする。投資を終了した時点で資産は１３７０万円。投資した元本が８００万円（毎年40万円×20年）なので、運用益は５７０万円となる。通常だとここから利益の約20％である１１５万円の税金を納めなくてはいけない。けれども、つみたてＮＩＳＡであればこの金額が免除されるのだ（次ページ図表４‐19）。つみたてＮＩＳＡは、証券口座を開設したあとに、証券会社のホームページで簡単に開設の手続きができる。税金が免除され、口座開設も簡単なのでぜひ利用してほしい。

・ｉＤｅＣｏ

君が40代くらいになって、楽しい老後生活に必要な資金が足りないとわかった場合は、

図表4-19　つみたてNISAの税金控除

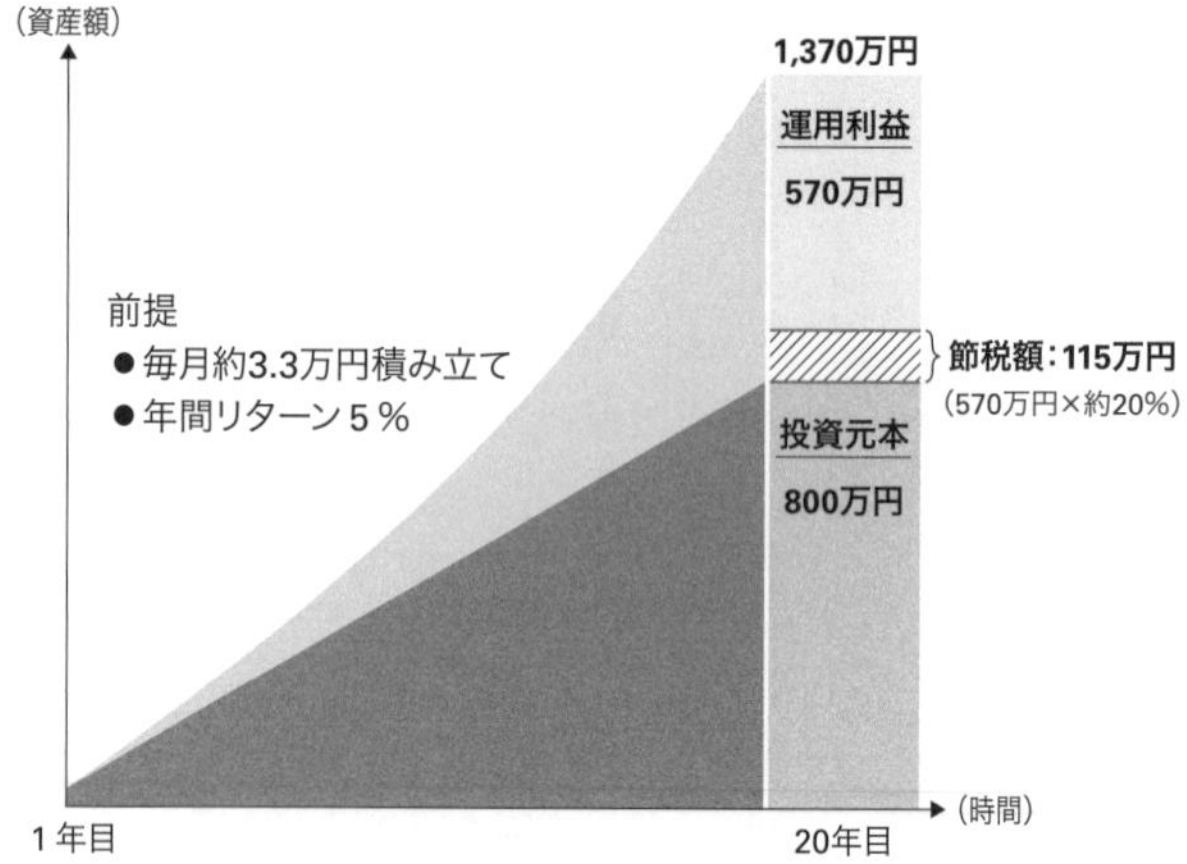

ｉＤｅＣｏ（個人型確定拠出年金）を使って世界経済へ投資をすればよい。ｉＤｅＣｏは、60歳まで積み立てた金額に対して、運用益に税金がかからないだけでなく、積み立てた金額が所得から控除されるので、つみたてＮＩＳＡよりさらに得になる。他方で、ｉＤｅＣｏは、原則60歳までは資金を引きだせず、個別株に投資をしたいときだったり、ライフプランに変更があってお金が必要だったりしたときに、ｉＤｅＣｏにある資金を頼れないのは大きなデメリットになる。そのため、まずはつみたてＮＩＳＡから始めて、ライフプランや投資スタイルが定まってくる40代から、ｉＤｅＣｏを活用す

るのがよい。

個別株投資の場合は、次のツールも用意しておくのがよい。

・パソコン

業界動向や決算資料などを閲覧するために、パソコンは用意しよう。ページ数の多い資料を閲覧したりダウンロードしたりするのは、スマホでは難しい。複数の資料を同時に見たりする機会も多いけれど、通常のスペックのパソコンであればまったく支障はない。

・四季報オンライン

四季報オンラインは、個別株の投資の説明をしたときに伝えた通り、投資先の候補となる企業を探すのにとても便利だ。スクリーニング機能が付いた「ベーシックプラン」（月額１１００円、税込）に加入しておこう。より詳細な情報が得られる「プレミアムプラン」（月額５５００円、税込）もあるけれど、ベーシックプランで十分だ。僕はずっとベーシックプランで、まったく支障なく必要な情報を効率的に得られている。入会は四季報オンラインのホームページで簡単にできる。

・日本経済新聞

政治や経済、景気、金融、技術など、社会の動きをマクロな視点で把握するのにとても便利だ。これらは個別株投資を判断するうえで背景情報として助けになってくれる。僕は、会社に行く途中に電車のなかで、15～20分日経新聞を毎日読んでいる。日経新聞は朝・夕刊セット版で月額４９００円（税込）だけれど、僕は、日経新聞を無料で読める丸三証券にも口座を開設していて、日経系列の流通新聞や産業新聞なども無料で読んでいる。楽天証券も同様の無料サービスを提供しているので、いずれかの証券口座も持っておくのがよいだろう。もちろん、どちらも口座開設は無料だ。

僕は、これらのほかにも、過去の決算資料を企業ごとにファイリングするためのバインダー、企業の決算発表日や四季報の発売日などを記入するためのカレンダー、いろいろな計算をするための計算機（電卓）、頭の整理に使うＢ４サイズのお絵かき帳、学びを書き留めるためのノートなども使っている。

＊投資で失敗しないための三つのコツ

世界経済への投資については、何回も伝えてきたけれど、君の楽しい将来に必要な資産を形成するためにとにかく積み立てをしていこう。途中、株価が暴落して積み立てをやめたいと思うこともあるだろうけれど、株価は長期的には必ず回復する。人口が増加していく事実と人間の先天的な成長欲求を信じよう。

個別株の投資で失敗しないために大切なことは三つある。一つめは**自分の思い込みに騙されない**ことだ。投資において自分の心理は大きな障害になる。人間には損をもっとも嫌う心理があるのだ。この心理が働いて痛い思いをするケースはいくつもある。上昇している株価はそろそろ下がるだろうと思って株を売却してしまい、企業のさらなる成長による運用益の獲得チャンスを失う。反対に、下落している株価はいつかは回復するだろうと思い込んで追加投資するも、企業の成長鈍化でさらなる株価下落のあおりを受けてしまう。いずれも損をしたくない心理がもたらす思い込みだ。こうした心理は、とくに株価が短期間で急騰したり急落したりするときに強く働くので、気をつけよう。

売買の判断基準にすべき指標は、自分の思い込みではない。つねに、成長性や割安性などの伝えてきた原則を軸にするのだ。

二つめの大切なことは、**市場が暴落したときの対応**だ。市場全体が暴落するときは必ず理由がある。戦争、金融システムの不安、パンデミック、株価バブルの崩壊などだ。ここで大切なのは、暴落の理由によって、君が描いた企業の成長ストーリーが崩れるかどうか。企業の成長ストーリーが３年の内に変わるのなら、損失が大きくなるので売却すべきだ。

逆に、３年先までの成長ストーリーが崩れないのであれば、投資を継続すべきだ。さらに株価が大幅に下落して極めて割安になっているのなら、追加投資も検討したほうがよい。ただし、暴落の底は誰にもわからないので、追加投資をするときは、何度かにタイミングを分けて資金を分散させよう。僕が個別株の元本を20年で３００倍に増やせたのは、市場が暴落しているときに、成長性があって割安な企業に投資をしてきたからだ。こうした企業に投資をしていなかったら、僕の資産はいまの半分以下だったことは間違いない。２０２０年も新型コロナの影響で市場は不安定だけれど、僕の対応は、いままでの暴落のときと変わっていない。

個別株投資で失敗しないために大切な三つめのことは、**投資経験からの学び**だ。僕の個別株の投資成績は、最初の10年で5倍、次の10年で60倍、計20年間で３００倍だけれど、前半の10年と後半の10年では大きな差がある。これは、経済や金融情勢の差もあるけれど、それ以上に大きいのは、一つひとつの投資行動から必ず学びを得て、投資力を向上させてきたからだ。僕は、のちに学びを導くために、いつも投資を開始するときに次に挙げる項目をノートに書く。

・投資を決めた理由
・企業の強み
・強みを裏づける情報
・強みを活かせる機会
・機会が持続する理由
・ＰＥＧレシオ
・リスク

３カ月ごとに発表される企業の決算では、投資先ごとに継続、売却、追加投資の三つから必ずいずれかの判断を下し、その理由も書いている。最終的に売却をしたときは、成功でも失敗でも必ず売却理由を書く。成長ストーリーが崩れたとか、リスクが台頭したとか、株価が割高になったとか、より割安で成長性が強いほかの企業へ投資するための資金確保とかだ。併せてこの理由の裏づけとなる情報も記しておく。そして、投資を開始したときの理由や、それまで保有を継続してきた理由、売却を決めた理由などを振り返ることで、必ず「学び」を導きだすのだ。この「学び」の蓄積こそが、投資力を向上させる唯一の方法なので覚えておいてほしい。**「学び」の導きは、投資力を上げるための生命線**なので、僕がどうやっているのか、事例を一つ紹介しておこう。

僕は、２０１９年9月からテノ・ホールディングスへの投資を始めた。テノ・ホールディングスは、九州を中心に保育事業を展開している企業で、当時は19年連続の増収を記録、さらなる事業拡大のために２０１８年に上場したばかりだった。利益の7割以上を占めるのは公的保育の事業。成長を左右するポイントは、この事業をどう拡大していくかだった。僕の投資ノートには次のように書かれている。

2019年9月　テノ・ホールディングス

判　　断：投資
判断理由：強みを活かせる機会が拡大
強　　み：販売力
　平均で年に23カ所の施設を開設（過去10年）。主力の公的保育は9カ所
機　　会：根強い保育ニーズ
　女性（25〜44歳）の就業率は、毎年1％上昇（過去10年）。将来の生活不安で母親の就業率はより高まる見込み。幼児教育の無償化で保育ニーズもさらに拡大
PEGレシオ：0・6
リ　ス　ク：保育士の採用ができず、施設拡大ペースが鈍化

テノ・ホールディングスの売り上げと施設数は比例していて、施設数を拡大していくノウハウ（販売力）が強みなのは明らかだった。保育ニーズも、女性の就業率の上昇とともに拡大し続けていて、業界全体として保育所の数は増加していたけれど、待機児童の数は大きく

減ってはいなかった。さらに、２０１９年10月からは、幼児教育の無償化が開始予定で、保育ニーズはさらなる増加が見込めた。そんななか、テノ・ホールディングスは、待機児童数の多い首都圏、大阪、福岡に重点をおいて施設数の拡大戦略を展開していく予定だったので、これなら強みを活かした成長が期待できると判断し、投資を決めたのだ。

それから5カ月後。２０２０年2月に僕は、テノ・ホールディングスの株式を売却した。投資ノートには次のように書かれている。

２０２０年2月　テノ・ホールディングス

判　　断：売却
結　　果：プラス7％（保有期間：5カ月）
判断理由：リスク台頭（今期、施設の開設数が当初予定の7に対して4。理由は保育士の確保が困難）
学　　び：企業の成長に対するリスクが、業界全体ですでに顕在化している場合、企業の対応策を確認し、それに納得ができたときのみ投資をする。ま

た、過去の成功で油断をしない

当初、テノ・ホールディングスは、２０２０年度に7施設を開設する予定だったけれど、2月に公表された決算資料には4施設と記載されていた。僕はすぐにＩＲに電話した。事情を聞いたところ、二つのことが確認できた。一つは、期中で当初予定の7施設に増加することはないこと。もう一つは、予定数を開設できない理由は、保育士の確保が困難だからということ。想定していたリスクだったけれど、顕在化したので僕は株式の売却を決めた。5カ月の間に投資した資産は7％増加したけれど、成長シナリオが崩れたので、僕としては成功した投資ではなかった。

保育士の確保は、テノ・ホールディングスだけではなく業界全体の課題だ。確保が難しい主な理由は、安い給料、長時間労働、職場の人間関係の大変さ、保護者対応の難しさなど。課題は、すでに業界全体で顕在化していた。にもかかわらず、僕はテノ・ホールディングスの対応策を確認せずに投資してしまったのだ。加えて、僕はいままでに、建設やＩＴ、介護、小売業界など人材不足の業界への投資で何回も成功してきていて、テノ・ホールディングスは過去19期連続で成長していたので、油断してしまっていた。心が慣らされていたのだ。これらを敗因と捉え、ノートに記載した学びを導いた。

学びを導くときには、再現性のある内容にするのが大切だ。成功でも失敗でも、結果の要因を考え、後の投資判断に活用できるようにするのだ。このやりかたで学びを蓄積したら、投資力が向上して、ワクワクする投資をしながらどんどんお金を増やせるようになるはずだ。

投資家としては投資の3原則に従ってテノ・ホールディングスの投資を終了したけれど、テノ・ホールディングスが提供している価値は、社会的な意義があるのは間違いない。テノ・ホールディングスは、日本の将来を担う子どもをきめ細やかな視点で保育している企業だ。子どもを預けている親も安心して働けているはずだ。僕は子どもを持つ親としてテノ・ホールディングスをこれからも応援していくし、再び投資をできる機会に期待している。

◎「原則4：将来のために投資を始めなさい」のまとめ

・初めての投資なら投資信託で世界経済に投資する
・世界経済は、人口の増加と生産性の向上とともに長期的に成長を続ける
・株価は、暴落しても世界経済の成長とともに必ず回復して上昇を続ける

・世界経済への投資は毎月決まった金額を積み立てるだけ
・投資のリターンとリスクは表裏一体なので、一定のリスクは仕方がない
・国内個別株に投資するときの原則は「長期安定成長」「安全性」「割安性」の三つ
・本を読んだら必ず実践して、知識をスキルにする
・「人間は損をもっとも嫌う心理がある」ことを忘れない
・投資力を向上するために、投資行動を振り返り、学びを蓄積する

原則5　お金と楽しく向き合いなさい

1　お金は人生を楽しくするための大切なツール

＊お金を目的にすると人生はつまらなくなる

たくさんお金の話をしてきたけれど、そもそもお金とは何だろうか。あると安心するもの、ないと不幸になるもの、生活を豊かにするもの。お金はさまざまな視点から語られているけれど、楽しい人生を歩んでいくうえで君に覚えておいてほしいのは、**お金は目的を叶えるための大切なツール**（手段）だということだ。

たとえば、僕の楽しい人生に欠かせないものは、家族や友人と一緒に音楽やお酒などを楽しむこと、家族や友人が楽しい人生を歩んでくれることだ。エンターテイメントに夢を見て心を躍らせることもそうだ。自然や歴史、美味や人の想いに触れて心が豊かになる旅行にもまだまだ行きたいし、投資で企業を応援して、ワクワクし続けていきたい。こうした楽しいことを実現し続けるためにお金は欠かせない。

それに楽しいことを実現するための手段を揃えるのにもお金は必要になる。健康、仕事、本なども大切な手段だ。心と体が健康でないと楽しい時間が過ごせない。仕事がないとエンターテイメントに夢を見られない。本がないと投資やお金、ビジネスなど、その道のプロから知識を学べない。こうした大切な手段を揃えるためにも、お金は欠かせないのだ。

ただし、お金を手に入れることを目的にしてはいけない。ただ給料のみを目的に働くと、仕事がつまらなくなる。銀行口座にある金額を目的に貯蓄すると、初めは増えていく貯蓄額を見るのがうれしいかもしれないけれど、いずれは貯蓄する意味がないことに気づいて不毛な気持ちになる。お金を増やすのを目的に投資をすると、株価に気持ちが左右されて心理的な負担が大きくなってしまう。**楽しい人生のためにお金は欠かせないけれど、お金があるだけでは人生は楽しくならない**のだ。これを君には覚えておいてもらいたい。

2　お金があるときとないときの過ごしかた

＊お金がないときはやりたい仕事に集中する

君がずっと楽しくお金と向き合っていけるように、お金がないときとあるときの話をしておこう。

まずお金がないときについてだ。このときは初めに本当にお金がないのかを確認してほしい。原則3で伝えた最低限の生活費に2万〜3万円加えたお金があって、君の楽しい人生のために毎月貯蓄すべき金額ができているのなら、それはお金がある状態だ。

一方、本当にお金がないときもあるだろう。そんなときは二つのことをしてほしい。一つはこれまで伝えてきた通り、好きな仕事をしてより大きな価値の提供を目指すことだ。もっと仕事ができるようになって、もっと大きな価値を提供して人に喜んでもらえば、仕事はどんどん楽しくなっていくし、収入も増えていくはずだ。

もう一つしてほしいことは、君が持っているものに感謝をすることだ。「**足るを知る**」と言うけれど、持っていないものを欲しがるのではなく、持っているものに感謝をしてほしい。

家族、友人、生活するためのもの。君にはすでに持っているものがあるはずだ。あるのが当たり前でそれらに感謝の気持ちはないかもしれないけれど、君のいまの生活はそうしたもので成り立っていることを考えてほしい。君の持っていないものを欲しがって欠乏の状態につねに身をおくのではなく、持っているものに感謝をして満たされた状態に身をおいてほしい。**感謝の気持ちを持つことこそが、君の楽しい人生の最短距離**になる。

＊お金があるときは貯蓄をしながらしっかり使う

お金があるときには三つのことをしてほしい。一つは、さらに楽しいことをするために、いまお金を使いながら、楽しい人生の目的を持ってもっと貯蓄することだ。お金を持つ最終目的は、いまか将来、価値のある何かに使うことだ。お金を持っているだけでは、君の人生は楽しくならない。楽しいことのためにお金は使おう。

もし楽しいことに使ってもお金があるときは、誰かのためにも使ってほしい。君の大切な人たちのため、あるいは世界で困っている人たちのため。誰かのためにお金を使うと、君の心は豊かになって、人生がより楽しくなるはずだ。

お金があるときにしてほしい最後の一つは、お金がないときと一緒で「足るを知る」ことだ。お金があるときも、いま持っているものに感謝することを忘れないでほしい。お金があってもなくても、感謝の気持ちを持つことこそが、楽しい人生の最短距離になるのだ。

ここまでが、君が楽しくお金を増やせるようになるための「お金の５原則」の話だ。

最後に、僕が自分なりの「よい人生の公式」を導くまでに、どんな経験をしてきたのかを話しておこう。僕の半生を話すことになるので少し長くなるけれど、君なりの楽しい人生を導くための参考にしてほしい。

3　僕は「よい人生の公式」がどうしても理解できなかった

＊家出して気づいた孤独

「まったく……とんでもないことをしてくれたねぇ」

「…………………」

怒りで少し震えている母親の言葉には応えず、僕は車の窓から外を眺めていた。1980年代後半の大衆車カローラの後部座席からは、田植を終えたばかりの田んぼが一面に広がっているのが見える。田んぼには、本当にそれを眺めているかのように、五月晴れの空が映しだされていた。車内の重い雰囲気とは対照的な、青く澄んだ綺麗な空だ。助手席にいる母親の顔は見えないけれど、家出をして警察に補導された僕に腹を立てているのは間違いなかった。「どうしてこんなことになったのだろうか」、そう考えているはずだ。普段から寡黙な父親は、無言で警察からの帰り道を運転していて、何を考えているのかわからなかった。もしかしたら田んぼの水の入り具合を気にしていたのかもしれない。

「よい人生＝よい高校＋よい大学＋よい会社」

どうしても理解できない「よい人生の公式」を考えることに疲れ、自転車に乗って刹那《せつな》的に家出をしたけれど、それで公式が理解できるはずもなかった。ただ、わかったことが一つあった。よい人生の公式は、新しく独りで見いださなくてはいけないことだ。家族、親戚、中学校の先生、同級生はみんなこの公式を理解していた。少なくとも僕にはそう見えた。公式を理解していない僕は、周りから見たらあたりまえが理解できないデキの悪い人間か、ただの変わり者だ。であれば、独りで僕自身の公式を見つけるしかない。

＊公式を信じて勉強を続けることはできなかった

僕は、群馬県の農家に生まれた。本家であったこともあり、田植や稲刈りなどの農繁期には多くの親戚が手伝いに来た。実家を出て嫁いでいったおばさんや、大おばさんたち。もちろん、僕も学校から帰ってきたらすぐに田んぼへ行って、せっせと農作業を手伝った。

田んぼにはいつも賑やかな会話が飛び交い、まるで祭りのようだった。でも、話題はいつも決まって同じ。あそこの家のだれだれは高高（群馬県立高崎高等学校、群馬県でトップクラスの進学校）に受かったとか、学年で一番の成績を取ったとか、国鉄に就職が決まったとか、昇進して課長さんになったとか、よい人生の公式の話だった。当然、全員が公式を理解していた。

この公式が、誰によっていつ発明されたのかはわからない。けれど、僕が生まれたときにはすでにあったはずだ。いろいろな大人たちからずっとこの公式の説明を受けてきたから、おそらく間違いない。

最初に公式に疑問を持ったのは、中学1年生の終わりごろだった。僕は、中学に入りよく勉強をしていた。よい人生の公式を理解していたからではない。クラスで一番の成績になると、好きなものを買ってもらえたからだ。テレビ、ファミコン、ラジカセ。よい成績を取れたおかげで戦利品はどんどん増えていった。ただ、僕には教科書や参考書を一度読んだら覚えられるほどの頭はなく、勉強には多くの時間が必要だった。

学期が進む度に授業は少しずつ難しくなっていき、勉強する時間はさらに増えた。逆に、好きなテレビ番組を見る時間や、音楽を聴く時間は減っていった。優先順位をつけて、どうしても見たいテレビ番組だけは見ていたけれど、テスト前にはすべての番組を諦めなければならなかった。大好きな音楽番組の「夜のヒットスタジオ」と「ザ・ベストテン」が見られないのは、まさに拷問だった。「見たい番組を諦めてまでする勉強は、将来どんな役に立つのか……」。そんな疑問が沸々とわいてきた。

公式に疑問を持つようになった僕は、学校の先生、両親、仲のよかった親戚のおじさんたちに勉強する意味を聞いて回った。まず初めに尋ねたのは理科の先生だ。

「先生、僕は化学者になるつもりはありません。飽和水溶液を冷却したときに抽出される結晶の質量計算は、将来何の役に立つんですか」

「……化学者になんなくても、高校受験では大事な科目なんだよ。勉強していい高校に行けば、いい大学に行けるし、いい会社にだって入れるんだ。勉強は、将来のためなんだぞ」

国語の先生にも聞いた。

「僕は漢文が得意でもないし、興味もありません。こんな、主語がなくてわかりにくい文を、なぜ読めるようになんなくちゃいけないんですか」

「将来、使うかどうかはわかんないけど、大切なのは、できないことができるようになることなんだよ。できるようになると自信がつくだろ。それに、なんたっていい高校に行けるんだ。秋山は成績がいいんだし、このままなら高高に行けるんだから頑張りな」

両親や親戚のおじさんも似たような返事だった。要するに、よい人生を歩むためには、よい学校や会社に行かなくてはならず、そのために勉強が必要とのことだった。誰に聞いても、僕の疑問が解消されることはなかった。

状況が変わったのは中学3年生になったときだ。春休みを終えた新学期の初日。新しい担任はクラスのホームルームで言った。

「今日からみんなは3年生です。今年は、みんなにとって高校受験のために一生懸命勉強をする年です。いい高校に入るために、1年間頑張っていきましょう」

「はい！」

僕を除く40人のクラスメート全員が声を揃えて返事をした。僕は恐怖を覚えた。

クラスの全員、いやおそらく学年の全員がよい人生の公式に沿って高校に進学しようとしていたのだ。**「なぜ誰かが決めたよくわからない公式を信じて、懸命に、もしくは適当に道を進めるのか」**。この雰囲気にのみ込まれたら、これから先、自分はずっと何者でもないことが確定するようで、怖くてたまらなかった。と同時に、「勉強の目的を見いだせないまま、一生懸命勉強することはできない」という気持ちも明確に芽生えた。

この日から僕は勉強をやめた。そして、高校へ進学しないと決めた。

４　人生最初の大きな決断がもたらした悲劇

＊よい人生の公式から外れた仲間と僕

卒業式の当日は暖かい日だった。校長先生は、出席した２８７人の卒業生全員が無事に高校へ進学できたこと、これからは義務教育ではないので自分の考えに沿ってよい高校生活を送ることの二つを話したらしい。卒業式を欠席したのも、高校に進学しなかったのも、僕１人だけだった。

高校へ進学しなかったのは、僕の人生で最初の大きな決断だった。この決断は正しいと思っていたけれど、一つ問題があった。いまから何をするかだ。高校に行かずとも何かをしなくてはいけなかった。

何をしたらよいのかわからないまま、１カ月がすぎた。その間は、何をしようか考えながら、バンドブームと兄の影響で中学２年生のときから始めたギターを家でずっと弾いていた。けれど、次第に、何もしないでいる罪悪感みたいなのがわいてきて、とりあえず働くことにした。同級生の父親が経営している運送屋や、求人広告で見た断熱屋。最終的に音楽仲間の亀山《かめやま》さんが務めている工務店で、大工見習いとして働くことになった。

大工は意外に面白かった。何もない更地に土木業者が入り、土を掘ってコンクリートで基礎を築いていく。その上に今度は大工が材木で土台を敷き込み、柱を立て、一番上に屋根をつくる。少しずつ家ができ上がっていくのを見るのはワクワクした。

それに僕自身、徐々に仕事ができるようになっていくのは楽しかった。最初は、壁と天井にボードを貼っていく仕事。次に、壁の間仕切りをつくっていく仕事。そして、天井や床をつくっていく仕事。当時はバブル経済の最終局面で受注が多かったこともあり、最後のほうには亀山さんと2人でマンション建設まで受けるようになった。

けれど、仕事ができるようになるにつれ、大工は僕にとって一生の仕事ではないとも感じるようになった。大工は楽しい。けれど、何かが違う。でもそれが何なのかはわからない。わからないまま仕事を続けていた。

大工で働いていたときは仕事が舞い込んでいたので、給料をたくさんもらえた。実家に住んでいて生活費はかからなかったので、もっぱらお金は好きな音楽とバイクにつぎ込んだ。

音楽仲間と遊んでいるときは楽しかった。仲間と自宅でセッションをしたり、ライブハウスで演奏をしたり。とくにライブは、いまを思いっきり生きている実感が持てる特別な瞬間だった。バイクも同じで、仲間とバイクに乗って夜の街を走っていると、体中からエネルギーが溢れてきて、自分は何でもできる気がした。

　みんな出身校や歳は違っていた。でも、高校に行っていないなど、全員がよい人生の公式からはそれていて、僕はそれに一体感を感じた。なにより馬が合ったのだ。音楽やバイクで仲間と遊んでいると、人と違うことをしているほうが経験の幅が広がり、将来よい人生を歩める気がした。「いまを楽しく生きるほうが将来のためにもよい」と思うようになり、僕はどんどん音楽とバイクに夢中になっていった。

　一方で当時の彼女であった祥子《しょうこ》は、そんな僕を少し心配しているようにも見えた。

　つまらないからと高校をすぐにやめた祥子は、背が小さく大きな目をした可愛い子だった。中学を卒業してすぐに亀山さんが紹介してくれて、僕は好きになり、付き合うようになった。

　仕事が終わると単車に乗って祥子の家に向かい、通りすぎる際に大きく一度、空ぶかしをする。すると祥子が家から出てきて、愛車の原付きバイクに乗って後ろをついてくる。そして僕の家で、一緒にテレビを見たり音楽を聴いたりしながら、他愛のない会話を楽しむ。こうした日々がずっと続いた。

すでに僕は音楽とバイクに夢中だったけれども、「ちょっと落ち着いて、とりあえず大工をしながら祥子と幸せに暮らす生活もいいな」とも考えるようになっていった。

そんな日常の最中だった。あの日は急にきたのだ。

＊死を覚悟するできごと

夕立があがって空気が涼しくなっていた夜。喉の渇きを癒そうと家の近くのコンビニでサントリーの烏龍茶を買ったときだった。

帰り道、僕はコンビニ袋をハンドルにぶら下げながら、バイクで国道３５４号線にでた。６速めがけて、どんどんギアチェンジを繰り返す。そして、少し走ったところで交差点に差し掛かると、僕はほとんどスピードを落とさずに体を思いきり倒しながら、ハンドルを右に切った。カーブはあまりにも綺麗な弧を描いた。自分でも驚いて、「いまのコーナーリングは人生で最高のできだったな……」と思った。

その瞬間だった。鈍くて大きな「ドーン」という轟音《ごうおん》とともに、僕は空を飛んでいた。後ろから車が突っ込んできたのがすぐにわかった。

「飛んでる……すげぇ……なんでだ？　……えっ、事故か……あぁ〜ここで終わりか……死ぬんだ……17年……短い……小学生……遊んでるだけ……楽しかったなぁ……6年生……クラス全員から無視……なんだったんだ……中学……勉強きつかったなぁ……何にもなれなかったな……母ちゃん父ちゃん……心配かけまくった……悲しむかなぁ……ごめん……バイク……音楽……みんな……楽しかった……遊びたかった……祥子……可愛い……幸せな時間だった……もっと……生きたかった……人生……もっと……………」

5　どん底で見つけた一生涯の夢

＊何のために生きているのかわからなくなった

3日後。僕は病院のベッドで目を覚ました。

母親がベッドのわきにいた。祥子もいた。母親は毅然とした顔をしていて、祥子は目に涙を浮かべながら少し安心した表情をしていた。

祥子がつぶやいた。

「さとしくん……」
「………ぶぉ、う……だぁ〜じ、だ……お」（僕、どうしたの）
自分の声に驚いた。脳が指示した言葉と聞こえてくる言葉がまったく違っていた。
「だに………ぐぁ……あっ……だお」（何があったの）
どちらに話しかけたつもりもなかったけれど、母親がベッドわきのテーブルから手鏡を取って、僕の顔の20センチほど前にかざした。
顎《あご》は半分に割れていた。右半分が2センチほど奥に入り込んでいて粉々に砕けているようだった。あちこちに切り傷とすり傷があって、顔の半分くらいは傷で肌が見えなかった。鼻にはチューブが差し込まれていた。顔そのものも倍ほどに膨らんでいて、自分とわからないほどに原型がなかった。
　底知れぬ恐怖が襲ってきた。先天的に片耳の聞こえなかった僕は、今度は話すことも不自由になるのかと思った。もうライブで歌えないかもしれない。仲間や祥子とまともに会話もできないかもしれない。もう思いきり笑えなくなるかもしれない。そう思うと、溢れてくる涙を止められなかった。そんな僕を見て祥子もベッドのわきでずっと泣いていた。

翌日。数人の警察官がやってきた。事故の聞き取りだったけれど、うまく話せない僕を見て、「退院するころにまたくる」と言い残してすぐに帰っていった。帰り際に、僕はひき逃げされたと伝えられた。現場検証によると、バイクごと50メートルは飛ばされていたらしい。警察官は、「これだけ飛ばされて生きているのは奇跡だ」と驚いていた。

その次の日。恥骨骨折と全身打撲で寝返りもできず、天井をぼんやり眺めていると、病室のドアが開いた。亀山さんだった。亀山さんは僕の容態を気づかう言葉をかけてくれたあとに、重そうに口を開いた。

「言いづらいんだけど……祥子から伝言がある。祥子、もうダメだって……。さとしくんといると何が起きるかわからなくて、もう怖くてダメ……だって。昨日、県外で働くとだけ言って、荷物をまとめて家を出ていったよ……」

亀山さんが帰ったあと、一人になった僕は泣いた。砕けた顎じゃ泣き声にもならなかったけれど、声をあげて泣いた。

次の日も、その次の日も泣いた。天井を向きながら泣き続けた。「なんで……なんでこんなことになったのか」と思いながら、けれどもその先は考えられずに、ただ泣き続けた。

母親、親戚、バンドやバイクの仲間、誰かしら毎日のようにお見舞いにきてくれたけれど、誰とも話をしなかった。物理的にもできなかった。お見舞いは、涙が出るのを堪《こら》えるだけの時間だった。お見舞いが終わると、僕はまた一人で泣いた。

「どうしてこんなことになったんだ。楽しい時間はもうない。まともに歩けるようにならないかもしれない。まともに喋れるようにだってならないかもしれない。それに祥子ももういない。きっと、もう笑うこともないだろう。何のために生きるんだ。もうダメだ……」

もはや自分が生きる意味もわからず、僕は人生のどん底にいた。

＊やりたいことに気づいた瞬間

ただ、心とは別に体は回復に向かった。入院して2週間もすると手が動くようになり、口も1センチくらい開くようになった。直接胃に送られる流動食や、血管に直接送られる水分や薬剤などの点滴、チューブからの排尿と週に2回の排便。これを繰り返すだけで僕の体は少しずつ動くようになっていった。

事故から3週間後。僕は粉々になった顎の修復手術を受けた。歩けない原因の折れた恥骨は、自然治癒が適当とのことだった。全身麻酔の手術から目を覚まし、手鏡をのぞくと、自分とわかる顔が見えた。上下の歯はワイヤーで固定されていて、たくさんの傷跡も生々しく残っていたけれど、見慣れた自分が映っていた。

手術から2週間が過ぎたころには、ふらつきながらも車イスなしで10メートルくらい歩けるようになった。ただ、少し回復しても、僕には生きることの意味もこれからどうなるのかもわからなかった。唯一わいてきた感情は「ただ家に帰りたい」という気持ちだけ。僕はその気持ちにすがって、病院の許可なしに退院した。

家に帰ってからも何も考えられず、自分の部屋でぼーっと過ごした。治療の途中で病院を飛びだしたので、上下の歯はワイヤーで固定されたまま。元の生活には戻れず、食事ももっぱら、ドリンクのカロリーメイトと歯の隙間からプリンやおじやを吸い込むだけの栄養補給だった。けれど不思議なもので、そんな食事も続けていると、数日後には少し元気が出てきた。口から何かを食べることの重要さを、身をもって知った。

少し元気になると、気持ちも落ち着いてきた。頭が動くようになってきた。そんなときだ。テーブルの上に置いてある『聖書』が目に入った。クリスチャンであった亀山さんが置いていったものだった。僕は、なんとなく、けれども何かを求めるように聖書を手に取った。

初めての聖書は面白かった。経典としてではなく、物語として。天地創造の話、アダムのあとにイブがつくられ子孫が欲望にまみれて堕落していく話、正しい行いをしていたノアのみが助けられる話。『創世記』を読んでいる途中では、この書物の中に自分の求めているものがあるかもしれないと感じた。僕はなぜこんなボロボロの状態になってしまったのか、これからどうすべきなのか。その答えがあるかもしれないと予感したのだ。

僕はクリスチャンではなかったけれど、毎日聖書を読み進めた。１９５５年に改訳された口語訳は少し難しかったので、自分なりの理解を得ようと、一章ずつノートにまとめながら、ゆっくり確実に読み進めた。じっくり読んでみると、物語としてだけでなく、歴史書として、詩篇などの文学として、ときには律法書としても面白いことがわかった。

そして、季節は移り変わったある日。ケガはすっかり完治していた僕は、変わらず答えを求めて聖書を読み進めていた。すると、旧約聖書の『伝道の書』の途中で、全身に震えが走った。

若い者よ、あなたの若い時に楽しめ。あなたの若い日にあなたの心を喜ばせよ。あなたの心の道に歩み、あなたの目の見るところに歩め。ただし、そのすべての事のために、神はあなたをさばかれることを知れ。（口語訳）

「これだ！」

一人で声を上げた。この11章の9節がいまの自分が求めていた言葉だとすぐにわかった。

「僕は、自分の思うままに歩み、高校への進学をやめた。目の前の面白いことをして、音楽やバイクの時間を楽しんでいた。祥子との時間を楽しんでいた。これは正しかった。けれど、バイクに夢中になって、いつも無茶な運転をしていた。だから大事故で死にかけた。遊びに夢中になって、祥子の気持ちを考えもしなかった。だから祥子はいなくなったのだ。

僕はこれからどうする。これからも、自分の心の道を歩もう。僕が楽しかった時間は、仲間との音楽とバイクだ。バイクは危ないから、もうやめよう。音楽はどうだ。僕は歌ったり演奏したりするより、曲目や演出を考えてライブを構成して集客するほうが得意だ。ライブでみんなが喜ぶ顔を見るのも好きだ。そうだ。みんなが興奮することをしたいんだ。みんなが興奮することって何だ。音楽、映画、遊園地……。そうか！　エンターテイメントをやろう。エンターテイメントでみんなが興奮できることをしよう。いまの僕の目に見えるのはエンターテイメントだ。祥子は大切にできなかったけど、これからは大切な人の気持ちを考えるようにしよう。大事にしていこう」

聖書の一節が僕にこれからの歩むべき道を気づかせてくれた。

6　夢が原動力になった楽しい勉強の日々

＊夢を叶えるための最初の一歩は大検合格

　エンターテイメントに夢を抱いた僕は、そこにいたるまでの大きなストーリーを考えた。
「実践のビジネスから得られるノウハウの習得は欠かせない。これはエンターテイメント企業で働いて身につけよう。その前にビジネスの勉強もしたい。ビジネスのプログラムが充実している大学に行こう。そのためには高校へ行かなくてはいけないけど、時間がかかるし、大検（大学入学資格検定。現在の高卒認定試験にあたる）にしようか」

　道筋が決まると、僕は街の本屋で、ビジネス教育に強い大学と大検の概要がわかる本を合わせて4冊買った。本には、ビジネス教育に力を入れている大学はアメリカに多いと書かれていた。なかでもニューヨーク大学は、ビジネス・プログラムが充実していて、比較的珍しい国際経営学科も設置していたことがわかった。さらに、世界の首都と言われる街だけあって、ニューヨークには世界中からあらゆる分野で夢を追いかける人種が集まっていた。

「そんな人々と触れ合いながら充実したビジネス・プログラムを学びたい」。情報を集めていくなかで、そんな思いがわいてきた。そこで、僕は第一志望をニューヨーク大学に決めた。ここで僕のストーリーには英語の勉強も加わった。

大検については、高校へ行っていない僕だと、免除科目はないので全11科目の受験が必要になり、全科目受験での合格率は0・7%であることがわかった。さらに、ニューヨーク大学に入学するには、各科目の成績も重要で、入学者の高校の成績は4点満点で平均3・6。大検は、合格した科目がA～Cの3段階に分けられるので、大半の科目でAを取らなくてはいけなかった。大半の科目をA評価で、全科目に一発合格する確率など本には書かれていなかった。0・1%もないと推定した。

高校に入学したほうが確実かもしれなかった。けれど、大検の過去問題を見て受験の気持ちは固まった。問題は3割くらいしかわからなかったものの、計画を立てて効率的に勉強すれば何とかなるレベルだと感じた。それに、一度で合格できなかったとしても、次の年には何とかなると考えた（当時の大検は1年に1回。合格した科目は翌年免除される）。こうして19歳の冬、みんなが興奮するエンターテイメントを提供できるようになるための最初のステップとして、僕は大検受験することを決めた。

数日後。僕は両親に自分のこれからについて話した。

「僕、夢がある。叶えるために英語の勉強をして、アメリカの大学へ行く。だから、まずは今度の夏にある大検の試験を受ける」

父親はほとんど無表情に見えたけれど、少し驚いているようだった。母親は驚きと不安と少し喜んでいるような複雑な表情をしていた。

「そんなに簡単じゃないと思うよ。それに勉強が嫌になって途中でやめたりしないかい」

中学の途中で勉強をやめ、遊びに夢中になっていたことを考えると、母親が不安になるのは当然だった。けれども、すでに決意が固まっていた僕は、少し考えて言った。

「わかった。じゃあ、来年の大検の試験まで7カ月間は勉強する。もしその一度で大検に受からなかったら、大工をしてちゃんと働くよ」

黙っていた父親が口を開いた。

「やってみろ」

「…………父さんがそう言うならそうだね。やってみなさい」

父親の言葉を聞いて、母親も最後には同意してくれた。

両親に打ち明けた日から僕の初めての受験生活が始まった。勉強は基本、自分のペースでできる独学で進めた。選択科目の7教科は、将来の役に立つかと、点が取りやすいかの二つを基準にして決めた。英語だけは将来役に立つけれど、点が取りにくいので選択せずに、大検を合格したあとで集中的に勉強することにした。理数系科目では独学だと理解しきれない問題もあったので、そのつど中学時代の先生に教えてもらった。それでもわからないときは、兄が卒業した高校の先生に事情を話して、理解できるまで何回も電話で質問をした。

受験生活は楽しかった。やりたいことに向かって毎日少しずつ進んでいる。解けなかった問題が解けるようになったり、新しいことを覚えたりする度にそう感じた。中学のときは辛いだけの勉強が楽しくてたまらなかった。こうして楽しい受験生活はあっという間に過ぎていき、試験の前夜には、少しの緊張感とともに、やりきった満足感と、夢に向け一つの節目を越えて次のステップに進める期待に胸を膨らませていた。

試験中の4日間は、勉強をせず平常心でいることだけを心掛けた。試験の間の空き時間には、会場の近くでビールを飲んでリラックスした。

それから1カ月後、大検の結果が届いた。通知書を開くと、そこに不合格の文字は一つもなく、大半の科目で評価Ａと書かれていた。僕は家族とともに喜んだ。父親は輪の外で、うれし涙を浮かべていた。僕はそんな父親をそのとき生まれて初めて見た。

＊最低点から始まった英語の勉強

３４２点。英語圏の大学入学に必要な英語力を測るテスト、ＴＯＥＦＬを初めて受けたときの点数だ。ＴＯＥＦＬは３１０～６７７点で評価される。この点数が意味していたのは、僕の英語力がゼロだということだった。試験では、リスニング、リーディング、ライティングのすべてにおいて1問もわからなかった。

試験を終えて会場から最寄り駅まで歩いているとき、「ニューヨーク大学には入れない」という不安がどっと押し寄せてきた。ニューヨーク大学に入学するにはＴＯＥＦＬで６００点以上が必要だった。残された期間は1年と少し。大検の問題を初めて見たときとは明らかに異なり、効率的に勉強してもどうにかなるレベルではないと感じた。ただ、ここで諦めるわけにはいかなかった。

とにかくネイティブな英語に触れることが大切と考え、外国人講師がいる地元の英会話学校に通った。英会話の講師からは「英語は習うより慣れるもの」と聞かされたけれど、僕にはＴＯＥＦＬ受験もあったので、同時に、受験対策として文法や単語を独学で勉強した。

「英語に慣れる」の意味がわかったのは、入学してから数カ月したころだった。まったく聞き取れなかった単語が、少しだけ聞き取れるようになった。さらに、恥ずかしい気持ちは捨て、正しい発音や文法にはこだわらず、とにかく話すことも心掛けていると、「I studied English so hard（私は、勉強した、英語を、一生懸命）」という、主語のあとに述語動詞がきて目的語が続いていく英語の文型パターンが、少しずつ脳に植えつけられていった。

大検とは違って毎日進んでいる実感はなかったけれど、２カ月前、３カ月前の自分と比べると、少しずつ話せるように、聞き取れるように、読めるようになっていくのが実感できて、とても楽しかった。１年が経ったころには、日常会話はほとんど困らずに楽しめるようになり、ＴＯＥＦＬの点数も６００点には達していなかったものの、５７０点まで上げることができていた。

ＴＯＥＦＬの点数が上がったことで自信がついた僕は、ビジネス以外の一般教養ならほかの大学で学ぶことができるから、さらなる英語力を身につけるためにも早く渡米したほうがいいと考えた。そこで、まずはニューヨーク大学ではなく、学費を抑えられるメリットもあったニューヨーク州立大学に入学した。

しかし、授業の初日。心理学の教授が言っている内容は、まったくわからなかった。日常会話やTOEFLに比べて、大学の授業では必要な英語力の次元が異なっていたのだ。「このままではまずい」。授業が終わって帰りのバスをキャンパスで待っている間、「落第」と「退学」の二つの言葉が頭に浮かんできた。

キャンパスからの帰り道。僕はバスの車窓からニューヨーク北部の田舎町、ドライデンの景色をぼんやりと眺めていた。地平線の先まで続く大草原のさらに先で、夕日が沈もうとしていた。群馬にはない、壮大な景色だった。

「日本を離れてこんなに遠くまできたんだ。エンターテイメントに夢を抱いて。でも、初日から落第と退学の二つの壁が立ちはだかってしまった……」

途方もない気持ちがわいてきた。でも同時に、似た感覚を以前にも味わった記憶もよみがえってきた。TOEFLを初めて受験した直後の感覚だ。問題が1問もわからず、ニューヨーク大学には入れないと感じたときの不安といまの不安は同じだった。あのときの僕は、英語力ゼロから1年で日常会話ができるようになった。

授業もわかるようになるかもしれないと思った。そして、「わからない箇所は自分で復習しよう。わかるようになるために予習もしよう」と、気持ちは前向きになっていった。一つの成功体験から、より大きな成功を得るための勇気がわいてきたのだ。

早速この日から毎日、授業の復習と翌日の予習をするようになった。すると、英語の思考回路の基礎と大検で得た学力のおかげもあってか、英語を習い始めたときよりも早いペースで教授の話がわかるようになった。授業はどんどん楽しくなっていった。

こうして一日の大半を勉強に費やし続けた結果、最初の学期は全科目A評価で修了することができた。その後も楽しい勉強は続き、1年半が経過して3学期が終わったときに、僕は目標にしていたニューヨーク大学へ編入することができた。

＊人生で役に立ったニューヨーク大学での学び

ニューヨーク大学の2年半ほど、人生で勉強が楽しかった時期はなかった。マーケティングと国際経営の二つを専攻していたけれど、ビジネス教育は想像以上に実践的だった。授業の大半は、実際のビジネスで起きたケースを例に、問題を分析し、プレゼンテーションで発表し、ディベートで議論を深めることだった。座学で学んだ知識をもとにケース分析やディベートをしていると、講義で得た知識が自分の経験に変わっていくようだった。大学では、ビジネス知識のほかにも統計や文章の書きかた、スピーチで伝える方法、交渉テクニックなど、その後の人生で大いに役立つ多くのことを学んだ。

大学の卒業式を終えた日の夜。僕は、マンハッタンの中心でニューヨークの象徴としてそびえ立つエンパイア・ステート・ビルディングの最上階、１０２階の展望台から夜景を見ていた。克明に思い出される大検、英語、大学での勉強に明け暮れた6年間の日々。

「心の道、目に見える道を歩み本当に楽しい6年間だった。これからもずっと心の道を歩んでいこう」

どこまでも広がる黄金色の野原のようなニューヨークの夜景と、卒業したニューヨーク大学を眺めながら、僕は心のなかでそんな決意をした。

7　ＵＳＪで初めて知った価値づくりの楽しさ

＊ユニバーサル社に入社したワケ

大学４年生の後半、実際のエンターテイメントビジネスでしか得られないノウハウを身につけるため、ずっと前から決めていたディズニー社のマーケティングのポジションを、大学のインフォメーションセンターで僕は探していた。パソコンで検索していると、同業のユニバーサル社の求人もヒットした。内容は、日本でユニバーサル・スタジオを開業させるためのスタッフ募集で、マーケティングのポジションも記載されていた。

隣接する高速道路や鉄道の駅、ホテル、商業施設、そしてパークの建設。一つの街をつくるような経験は、テーマパークビジネスのノウハウを得るうえで何にも代え難い。すでにパークが整っていたディズニー社では、そんな経験を積むのは難しかった。そこで僕はディズニー社をやめて、ユニバーサル社への入社を決めた。

サンフランシスコの就職フォーラムに参加した僕は、ユニバーサル社のブースに向かった。人事ディレクターがブースの前に立ち、さまざまな学生と話をしていた。彼は、数多《あまた》いる学生の中から、入社させたい学生を選別しているのだと、すぐにわかった。

何人かの学生が話し終わったあと、僕も彼のもとに向かった。すると彼はストレートな質問をぶつけてきた。

「今日なぜここにきたのですか」

「ユニバーサル社で働くためです」

僕も直球で答えた。

そのあとは、エンターテイメントに夢を見ていること、それを実現するためにビジネス経験から得られるノウハウが必要なこと、ノウハウを得るためにはユニバーサル社のマーケティングが最適と考えていることを説明した。6年間の楽しかった勉強の話もした。

彼はときどき相槌を打ち、興味深そうに僕の話を聞いていた。僕は彼の反応を見て、好感触を感じていた。しかし、ひとしきり話すと彼は言った。

「面白い話ですね。だけど、いまはマーケティングのポジションは募集していません」

衝撃的な一言だった。僕は、募集の案内にはマーケティングも含まれていたと訴えた。けれど、彼はそのポジションは将来の候補だと説明し、続けてこう言った。

「いますぐ応募できるのは運営などの現場です。君自身のためにどうすべきか、どうしたいのか少し考えてきてください。私は君を待っていますよ」

就職フォーラムの会場であった多目的施設から出て、僕は近くのベンチで考え始めた。

「僕が必要としているマーケティングのポジションはなかった。わざわざニューヨークから飛行機で6時間もかけて来たのに……なぜだ。いや、そんなことをいま考えても仕方ない。どうしようか。どうするかはいま決めなくてはいけない」

30分くらい頭をフル回転させて考えた。そして、「消費者に価値を提供するマーケターのノウハウを身につけるにしても、すべての起点である消費者と、直接やりとりできる現場を経験するのはよい」との結論にいたった。ただし、「あくまで消費者を肌で理解するための経験であり、いずれはマーケティングに異動すべきだ」とも考えた。

再びユニバーサル社のブースに戻り、一定期間がすぎたらマーケティングに異動する機会があることをディレクターに確認し、応募したい旨を伝えた。すると、その日のうちに人事課長と面接をした。そのあとに書類選考を受け、最後の2日間の合宿でいくつかの課題に取り組み、上層部との最終面接が終わると、僕のユニバーサル社への入社が決まった。

＊USJでのファーストミッション

僕の最初の職場、ユニバーサル・スタジオ・フロリダのアドミッションエリアは、これから始まる一日に期待するゲストでいつも溢れていた。ゲストの笑顔を見ていると、「僕が売っているのはチケットではなく、一日のパークでの楽しい体験だ」と誇りを感じた。

ユニバーサル社で最初の給料をもらったときはうれしかった。大工をしていたときの半分くらいだったけれど、楽しい体験を売った結果としてもらったお金だと考えると、うれしさは大工のときより何倍も大きかった。こうして僕は、毎日楽しみながらさまざまな運営ノウハウを1年間学び帰国した。

帰国してからの半年間は、ユニバーサル・スタジオ・ジャパンを開業させるための準備をした。フロリダで学んだノウハウをフルに活用して運用プランを考えた。入場者数に応じたチケットブースや入場ゲートでのスタッフ配置の計画、ゲストの時間帯別の入場待ち時間のシミュレーション、必要なスタッフの採用人数の算出、スタッフへのトレーニングのプランの策定。何カ月もの間、チームメンバーとともにさまざまな計画を綿密に練った。とくに、入場エリアのコートヤードはスペースが広くないので、ゲストの待ち列がそこに収まるように入念に計画した。

その後、米国ユニバーサル社から来ているマネジメントへプレゼンテーションを行い、すべての計画が承認された。さらに数カ月をかけて、計画をもとにスタッフを採用し、トレーニングをした。フロリダで学んだノウハウを活かしながらグランドオープンのための準備をするのはとても楽しかった。グランドオープンの日にゲストの笑顔を見るのが楽しみで仕方がなかったのだ。

こうしてあっという間にグランドオープンの日を迎えた。

「ユニバーサル・スタジオ・ジャパン。いまここに、グランドオープンします」

２００１年３月31日。すぐ近くでアーノルド・シュワルツェネッガーが、パークのグランドオープンを高々と宣言しているのが聞こえてきた。けれども、僕はこの瞬間を感慨深く迎えている暇はなかった。入場エリアのあちこちで問題が起きていたのだ。チケットを発券するプリンターが詰まったり、クレジットカードの決済に不備が起きたり、スタッフに予定の休憩を回せていなかったり。スーパーバイザー（入場エリアの運営責任者）である僕はてんてこ舞いだった。

何とか初日を乗り越えたのもつかの間、本当に大変なのはこのあとだった。パークを開業して最初のゴールデンウィーク、凄まじい人の大波がとめどなく押し寄せてきたのだ。入場チケットを購入するための列はすごい勢いで伸びて、すぐに最寄り駅に到達した。列はそれでも伸びていき、駅からパークを挟んで反対側にある駐車場の中にまで入り込み、最後尾がわからない状態でトグロを巻いた。パークに入場するだけで待ち時間が、何時間も必要になってしまっていた。

これは社内の誰も想定していない数のゲストだった。その日は文字通り最悪の一日で、ゲストからのクレームがひっきりなしに続き、予想外の事態にスタッフは困惑、電車など公共交通機関へも迷惑をかけてしまった。なにより、パークでの一日に期待して、楽しそうに歩いてくるゲストの表情が、最後尾がわからない長蛇の列を目の当たりにして、どんどん曇っていくのを見るのは辛かった。開業前に入念に計画を練って準備したのに、僕は何もすることができなかった。

　この大混雑は、ゴールデンウィーク期間中ずっと続いた。

「フロリダで毎日見ていた期待感に溢れたゲストの笑顔をつくらなくては」。こう強く思った僕は、夏休みがくるまでに必ず何とかしようと解決策を毎日考えて、アドミッションのメンバーやシステム担当、経理担当、営業担当と何度も協議をした。ゴールデンウィークが終わると来場者数は少し落ち着いたけれど、それでも待ち列は毎日入場エリアにあるコートヤードから伸び出て、最寄り駅付近にまで達した。これは会社としても最重要の経営課題だった。

　まずはゲストが入場するまでのオペレーションフローを細部まですべて列挙し、それぞれのフローの効率化を考えた。しかし、どれだけ考えてもチケット発券そのものを短縮できない限り解決策にはつながらなかった。発券スピードを短期間で飛躍的に高めるシステム開発が不可能なことは、素人の僕でもわかっていたことで、状況はどん詰まりだった。

けれど、僕たちは考えることをやめなかった。ゲストの笑顔をつくるのが僕とみんなの仕事だったからだ。そうしてずっと考え続けていると、妙案が浮かんできた。主要なチケットを事前に大量に発券しておけば、チケットをすばやく売ることができる。システムを通さないフローは金券管理や売上計上など経理の観点からさまざまな課題はあったけれど、一つずつ、関係部署と協議をしながら問題をクリアしていった。

こうして迎えた夏休みの初日。今度も、ゴールデンウィークに劣らない数のゲストがすごい勢いで押し寄せてきて、ゲストの波は終日途切れることはなかった。でも、待ち列が入場エリアのコートヤードから外に出ることはなかった。ゲートに向かってくるゲストの表情も、一日のパーク体験に期待して、ずっと笑顔のままだった。

僕はこの日、価値をゲストに届けることの意味と、その楽しさを初めて体感した。そして、考え続けることとチームの大切さを実感した。

未知の刺激を提供するアトラクション

＊エンターテイメントの夢が叶った瞬間

もう一つ、僕がユニバーサル・スタジオ・ジャパンで働いていて、忘れられない日がある。それは２００４年1月23日、スパイダーマン・ザ・ライド（アメージング・アドベンチャー・オブ・スパイダーマン・ザ・ライド）のグランドオープン日だ。

僕はパークが開業した年の後半に企画部へ、さらに翌年にはマーケティング本部へ異動していた。異動して間もなく、パーク開業後にオープンする初めての大型アトラクションのマーケティングリーダーを任された。スパイダーマン・ザ・ライドだ。

パークは、開業年こそ当時の世界テーマパーク業界史上、最速で１０００万人の入場者数を達成したけれど、2年目に入ったところで世間を騒がせるいくつかの不祥事が起き、業績は急下降していた。格安チケットを導入して一時的に入場者数が増加したこともあったけれど、それでも右肩下がりの業績が改善することはなかった。そんな状況で僕はスパイダーマン・ザ・ライドのリーダーに任命された。任されたときはうれしい気持ちもあったけれど、初めてのリーダーと悪化し続ける業績に大きなプレッシャーを感じた。

けれども、僕のやるべきことははっきりしていた。スパイダーマン・ザ・ライドを通じて、消費者に価値を提供することだ。それができれば結果として業績も必ずついてくると考えた。「マーケティングとは経営そのもの。消費者や顧客に商品購入の理由をつくることであり、商品が売れる環境をつくることだ」と、ニューヨーク大学での学びを自分なりに解釈していたおかげで、そう考えることができた。

やるべきことが明確だった僕は、スパイダーマン・ザ・ライドが誰にとってどんな価値になるのか、彼らは生活にどんな課題を抱えているのか、スパイダーマン・ザ・ライドにしか提供できないものは何なのかなどを考えた。プロジェクトのメンバーとも毎日議論を重ね、それらを見極めるために定量調査や消費者へのインタビューも実施した。こうして何カ月もかけて消費者を理解し、ターゲットとすべき消費者、彼らが抱えている彼ら自身も気づいていない深層心理に隠された課題（インサイト）、その解決策としてのスパイダーマン・ザ・ライドの売りかたを決めていった。

そして最終的に決まった戦略が、スリルシーカー（スリルを求めている人）に対して、興奮を売ることだ。ただの興奮ではない。クオリティーが極めて高い大きな映像と、摩天楼の上空を飛び回っているかのようなライドの動きが、完全にシンクロすることによってのみ生まれる、圧倒的な興奮を提供することだ。
この戦略に決まった理由は、スリルシーカーが抱えているインサイトが、「以前は感じられた興奮を感じられなくなってしまった私の感性は、この先衰えていくだけのようで怖い！」ということを発見したからだった。そのため、スパイダーマン・ザ・ライドのキャッチコピーも、こうしたインサイトを持つスリルシーカーに訴えかけるため、「世界ＮＯ．１アトラクション、ついに日本上陸。」というメッセージにした。

こうして迎えたグランドオープンの日。僕は期待に溢れる大勢のゲストが入場ゲートに並んでいるのを見て、**価値をつくることの喜びをかみしめていた。**エンターテイメントの夢を掲げてから11年、メンバーたちと協力して初めて一からつくり上げたエンターテイメントで多くの人を興奮させることができたのだ。

スパイダーマン・ザ・ライドは見事に成功した。右肩下がりの業績にも歯止めをかけることができ、パークはこの年から安定成長の軌道に乗った。

そして、２０２０年現在。原則１で伝えた通り、マーケターとしていくつものプロジェクトを牽引してきたいまの僕は、日本をもっともっと元気にするために働きながら、楽しくお金を稼いでいる。

8　投資で元本が３００倍になるまでの20年

＊投資を始めたきっかけはお金が足りなかったから

「まずい……。人生やっていけるのか。やりたいことをできるのか」

マイナス４５００万円。

はじめにで伝えた通り、大学生のときに初めて生涯収支の計算をした僕は、圧倒的にお金が足りない不安に押しつぶされそうになっていた。

働く以外でお金を手に入れる方法はないのか。調べてみると、株や不動産などの投資で億万長者になったストーリーがたくさん出てきた。ただ、詳しいことは何もわからないし、なんとなくギャンブルみたいで怖かった。けれども、このままでは人生でお金が圧倒的に不足するのは目に見えていて、何もせずにいることだけはなによりも避けたかった。

そこで恐る恐る投資のなかではやや身近に感じられた為替取引を、少しの金額で始めてみた。アメリカに3年間暮らしていて、日本円を米ドルに替えたり、米ドルを日本円に替えたりする機会は多かったし、いまは円高・円安とかの肌感覚もなんとなくあったので、ほかの投資よりは安心できたのだ。

為替の本を２冊読んでから、米ドルと日本円の為替取引を始めた。売買するタイミングは本で学んだ手法でやってみた。過去の為替レートの値動きから平均を出し、その平均に対していまのレートがどの程度ずれているかを見て、大きくずれていたら売買する手法だ。たとえば、過去の平均が１ドル＝１００円で、いまは１ドル＝80円と、平均から20％ほど大きくレートがずれていたとする。いずれは平均の１ドル＝１００円くらいに戻ると想定し、そのときは１ドル＝80円で円をドルに交換しておくのだ。想定通り１ドル＝１００円くらいになったら、今度はドルを円に交換。すると最初の80円が１００円に増え、20円のもうけが出ることになる。この手法で１年くらい取引をしてみた。しかし結果は、２％のマイナス。もうけることはできなかった。

為替ではもうからないのか、それとも手法が間違っているのか、何が原因かよくわからないまま、再び投資の本を読んでみた。すると、為替はゼロサムの取引だと知った。取引における勝者と敗者の合計値がゼロになるのだ。要するに、勝つ人の金額と同じ額だけ負ける人がいる。

他方で、株はプラスサムで、企業の利益が増えると株価が上昇し、その企業の株を買ったすべての人がもうかる仕組みであると学んだ。もちろん企業の商品が売れずに利益が減れば、株価は下落し、すべての人が損をするマイナスサムになるときもある。ただ、これから利益が増える企業を見つけられさえすれば、もうけられる額も確率も為替取引よりずっと高いことがわかった。

そこで利益が増加していく企業の見つけかたを学ぶために、ある本を買った。米国の著名投資家であるピーター・リンチの『ピーター・リンチの株で勝つ』（ダイヤモンド社）だ。株の投資経験がなかった当時の僕には、意味のわからない部分もたくさんあったけれど、13年間でファンドの運用資産を７００倍にした投資の考えかたや手法が、出し惜しみなく書かれていた。素人ながらに、「この手法を真似すれば勝てるようになれる」と思い、日本の個別株投資を始めた。

始めて最初の１年は、ほぼ毎日ピーター・リンチの書籍を読みながら、企業の決算書を読み込んだり、企業に電話して質問をしたり、商品やサービスを購入してみたりして、成長していく企業とそうでない企業の見極めかたを体得していった。飲食チェーン店、インターネット関連企業、携帯キャリアなどさまざまな企業にも実際に投資をして、成功と失敗から学びを積み上げていった。そのおかげで、僕の投資成績は年を重ねるごとに上がり、投資を始めた年は7％のプラス、3年目には年率30％のプラスになった。「このまま続けていけば投資力はさらに向上し、いつか必要なお金も貯まるはずだ」。そんな考えのもと、僕はどんどん投資経験を積んでいった。

＊資産が半減したリーマンショック

株式投資を始めてから9年め、成長していく企業の見極めにもある程度の自信を持てるようになっていた。資産も順調に増えていて、投資した元本は6倍になっていた。

そんなときだ。２００７年10月、米国発のサブプライムローンによるショックが起きた。経済的な信用度の低い世帯へ貸しつけた住宅ローンの返済が、回収不能になったことによって起きた市場の大暴落だった。

僕も市場の暴落自体はそれまでに、米国の同時多発テロのときやライブドアへ検察の強制捜査が入ったときなど、何度か経験していた。けれど、このときのショックは次元が違った。市場の株価は毎日下がり続け、僕が保有していた企業の株価も同じように下がり続けた。年初から9月までにプラス20％となっていた資産は、あっという間に半分近くまで減った。僕は下がり続ける株価を見て、積み上げた資産をすべて失うのではないかと思うようになり、怖くてすべての株を売却しようと考え始めた。

けれども僕は投資をやめなかった。なぜならピーター・リンチの言葉を思い出したからだ。ピーター・リンチは、「数年に一度訪れる市場の暴落は、売り場ではなく買い場だ」と言っていたのだ。そこで「ここまで成功したのもピーター・リンチのおかげだし、過去の暴落も必ず回復している」と、自分にそう言い聞かせて、とにかく売却するのを我慢した。ピーター・リンチが推奨するように、大暴落のなかで新たな投資を開始する勇気は持てなかったけれど、何とか耐えた。

結果、世界株式の市場の大暴落は底をつくまでに1年半、暴落前の水準に戻るまでに5年半くらいかかったけれど、僕の個別株の資産は、ピーター・リンチの手法で成長企業に投資していたおかげで、2年もかからないで暴落前と同額に戻った。このときは、ピーター・リンチと自分の忍耐に感謝した。

そして、現在。リーマンショックのあとに何度もあった暴落を乗り越え、自らの経験から「投資の3原則」をつくりだし、元本を300倍に増やしてきた。原則1で伝えた通り、いまの僕は社会に価値を提供していく情熱のある企業を応援するために投資をしている。そうした企業の将来と明るい社会にワクワクしながら、楽しくお金を増やし続けている。

話は長くなったけれど、こうした経験を経て、いまの僕には自分なりの「よい人生の公式」がある。

「よい人生の公式」
よい人生＝楽しい人生＝やりたいこと×できること＋必要なお金

いま振り返ってみても、自分のやりたいことに素直に向き合い、自分のありたい姿を想像し、それを原動力に行動してきたことが楽しい人生につながっているのは間違いない。そして、やりたいことのために必要なお金を得てきたことが、楽しい人生を確実に支えている。

◎「原則5：お金と楽しく向き合いなさい」のまとめ
・お金は人生を楽しくするための大切なツール、増やすことを目的にしない
・お金がないときは、仕事を通じて価値を提供してお金を増やす
・お金があるときはさらに貯蓄しながら、いまの楽しいことのためにもっと使う

・いま持っているものに感謝する習慣を身につけて足るを知る
・楽しい人生は、自分のやりたいことに素直に向き合い、ありたい姿を想像し、それを原動力にすることでつくられていく

おわりに

最後まで読んでくれてありがとう。

君が「楽しくお金を増やすノウハウ」を理解してくれたら、楽しい人生に向けての確実な一歩を踏みだしたことになる。著者である僕にとってもこれ以上に意義深いことはない。

これまでにも伝えたように、本で得た知識は実践しないと君のスキルには変わらない。それに、実践しながら効率的に学んでいくには、本に加えてメンターも必要だ。君の話を聞き、疑問や質問に答え、君にやるべきことや課題を気づかせてくれる相談相手だ。そして、君が実践しながら、さらに具体的なノウハウを聞ける相手だ。また一緒に楽しく学べる仲間がいたほうがより多くの視点で学ぶことができるし、励みにもなる。

そこで、こうした環境を実現するために、この本を読んでくれた君だけのために、期間限定でオンライン塾を開催することにした。「秋山塾」だ。塾の開催趣旨は次のとおりだ。

・この本で得た知識を君のスキルする
・君自身で考え、楽しい人生を歩めるようにする
・仲間と一緒に楽しく学べるようにする

この本が出版される２０２０年の11月中旬に開始する。開催期間は１～２年を想定している。伝えてきたノウハウのなかで身につけるのにもっとも時間が必要なのは、個別企業に楽しく投資できるようになることだ。もちろん個人差はあるけれど、僕の経験上、メンターと仲間がいれば１～２年あればできるようになる。そのあとは一人で学びながら、さらにスキルを向上していけるはずだ。入塾するためのＱＲコードを載せておくので、興味があればアクセスしてみてほしい。塾代は月に１０００円（税込）にしている。出版から一定の時間が経ったあとにこの本を購入した君のためにも、過去の記事や動画は見られるようにしておく。

入塾するにしても、一人で学びを積み上げていくにしても、君が楽しくお金を増やせるようになることを応援している。そして、楽しい人生を歩むことを応援している。

最後に、この本の出版に協力してくれた人たちに感謝を伝えたい。

お金に対する考えかたや感情を率直に教えてくれた会社の仲間、友人、ブロガーのららさん、ららさんのブログの読者に感謝を伝えたい。１００人近いみんなの意見を聞けたおかげで、君が求めるものと僕が伝えたいことの接点を見いだすことができ、本の企画をつくることができた。

僕と同じ歳で今年セミリタイアした、ネットニュース編集者の中川淳一郎氏にもお礼を伝えたい。本を出すので「面白い編集者」を紹介してほしいと伝えたら、すぐに光文社を紹介してくれた。価値づくりに熱心な編集者を紹介してくれたおかげで、楽しみながら執筆活動をすることができた。

光文社新書副編集長の樋口健氏にも感謝をしている。本書に僕の半生を加えること、僕の経験にそって投資のノウハウを伝えていくこと、若い編集者の河合健太郎氏をチームに加えて、本書を読みながら君が

「秋山塾」QR コード

抱くかもしれない疑問や質問を見つけることなどを提議してくれた。すべてのコメントは君の視点に立ったもので、どれもとても参考になった。

ミュージシャンの須藤あきら氏には、前著に続きあらゆる場面でお世話になった。好きなことを仕事にすることの意味や、楽しい人生とは何かといった本書の土台となる部分を議論したり、最初の読者として、文章のリズムやテンポといった細部にまでコメントをもらったりした。おかげで、楽しい執筆活動はさらに充実したものになった。

みなさん、価値づくりの楽しい時間をくれて、本当にありがとうございました。

君とまた会える日を楽しみにしつつ、ここで本書を終える。

２０２０年10月

秋山　哲

秋山哲（あきやまさとし）

1973年群馬県生まれ。ニューヨーク大学商学部卒業。現在、ユニバーサル・スタジオ・ジャパンでマーケティングディレクターを務める。これまでに「アメージング・アドベンチャー・オブ・スパイダーマン・ザ・ライド」など数々のアトラクションのマーケティングを担当した。個人投資家としての顔も持ち、24歳で投資を開始。リーマンショックで資産が半分になるも、独自に「投資の3原則」を編み出し、約20年で元本を300倍にした。主な著書に『お金からの解放宣言』（かんよう出版）。

20年《ねん》で元本《がんぽん》300倍《ばい》 お金《かね》が集《あつ》まる5つの原則《げんそく》

2020年11月30日初版1刷発行

著　者 ── 秋山哲
発行者 ── 田邉浩司
装　幀 ── アラン・チャン
印刷所 ── 堀内印刷
製本所 ── ナショナル製本
発行所 ── 株式会社光文社
東京都文京区音羽1-16-6（〒112-8011）
https://www.kobunsha.com/
電　話 ── 編集部03（5395）8289　書籍販売部03（5395）8116
業務部03（5395）8125
メール ── sinsyo@kobunsha.com

R＜日本複製権センター委託出版物＞
本書の無断複写複製（コピー）は著作権法上での例外を除き禁じられています。本書をコピーされる場合は、そのつど事前に、日本複製権センター（☎03-6809-1281、e-mail : jrrc_info@jrrc.or.jp）の許諾を得てください。

本書の電子化は私的使用に限り、著作権法上認められています。ただし代行業者等の第三者による電子データ化及び電子書籍化は、いかなる場合も認められておりません。

落丁本・乱丁本は業務部へご連絡くだされば、お取替えいたします。
© Satoshi Akiyama 2020　Printed in Japan
ISBN 978-4-334-04504-3

1087
恋愛学で読みとく　文豪の恋
森川友義

名だたる文豪たちが小説に描いた恋ははたして妥当なものなのか。恋愛学を提唱する著者が科学的に分析し、考察する。従来の文学研究にとらわれない、知的なエンターテインメント！

978-4-334-04494-7

1088
正義を振りかざす「極端な人」の正体
山口真一

SNSでの誹謗中傷、自粛警察、不謹慎狩り、悪質クレーマー——奴らは何者か？「炎上はマスメディアが生み出す」「SNSは世論を反映しない」等、データ分析から分かった真実。

978-4-334-04495-4

1089
太田和彦のふらり旅　新・居酒屋百選
名酒放浪編

太田和彦

BS11の人気番組が1冊に！　北は札幌から南は五島まで日本全国19の街の65軒を紹介。本書片手に旅するも良し、読んで思いを馳せるのもまた良し。写真満載のオールカラー版。

978-4-334-04496-1

1090
宇宙に行くことは地球を知ること
「宇宙新時代」を生きる

野口聡一　矢野顕子
取材・文　林公代

誰もが宇宙に行ける日が近づいている——。民間による「宇宙旅行時代の幕開け」という歴史的転換点を迎えた今、宇宙飛行士とミュージシャンが宇宙体験からスペースXまでを語る。

978-4-334-04497-8

1091
夢中力
堀江貴文　野村克也

一つのことにハマり、全身全霊を捧げる。異分野の二人の共通項だ。「好きなことをやる」が成功の条件であることを彼らの生き様が証明する。突き抜けた思考に触れる読書体験。

978-4-334-04498-5

光文社新書

1092

丁寧に考える新型コロナ

岩田健太郎

長期戦が予想される新型コロナ対応。あらゆる項目について「分かったつもり」でなく「本当に分かる」までじっくり解説する。巻末特別対談「西浦博先生に丁寧に聞く」も収録！

978-4-334-04499-2

1093

失敗しない　定年延長

「残念なシニア」をつくらないために

石黒太郎

日本企業に跋扈する「残念なシニア」を放置すると、日本経済が崩壊に向かう――⁉　気鋭の人事コンサルタントが、会社もシニア自身も活性化させる「正しい定年延長」を提言する。

978-4-334-04500-5

1094

新型コロナはアートをどう変えるか

宮津大輔

世界のアート市場は、新型コロナウイルスの蔓延によってその姿を一変させた。アートはこれからどう変化するのか――。歴史・社会・経済を通して、アート市場の未来を大胆に予測。

978-4-334-04501-2

1095

室温を2度上げると健康寿命は4歳のびる

笹井恵里子

寒い家に住んでいると早死にする⁉　最新の研究結果を元に頻尿、不眠、寝つきの悪さ、高血圧、アレルギーなどを「住環境」で改善させるアイデアを提案する日本人必読の一冊。

978-4-334-04502-9

1096

税金下げろ、規制をなくせ

日本経済復活の処方箋

渡瀬裕哉

日本が不況から脱出できないのは「税金と規制」の問題だ。この国では「増税はやむなし」なのか？　日本が打つべき手とは？　俊英の政治アナリストが、私たちに刷り込まれた洗脳を解く！

978-4-334-04503-6

光文社新書

1097
20年で元本３００倍 お金が集まる５つの原則
秋山哲

誰でも資産が増える投資商品とは？ 優良な投資先に共通する3つの特徴とは？ 元本３００倍の個人投資家が「投資」を中心に、お金の不安を解消する５つのルールを伝授する！

978-4-334-04504-3

1098
下町はなぜ人を惹きつけるのか？
「懐かしさ」の正体

三浦展

明治維新の30年後に「ふるさと」が注目され、敗戦の30年後に「下町」が発見された。工場の煙が立ち上る近代の象徴だった下町がノスタルジーの対象となるまでの実像を綴る。

978-4-334-04505-0

1099
山本太郎とN国党
ＳＮＳが変える民主主義

真鍋厚

彼らは本当に「ポピュリスト」と切り捨てていい存在なのか。この時代に彼らが国会で議席を得たのは偶然か。ＳＮＳ全盛時代の民主主義のあり方を問う、新しい切り口の政治論。

978-4-334-04508-1

1100
「宇宙の音楽」を聴く
指揮者の思考法

伊藤玲阿奈

時代の変化にどう柔軟に対応するか？ 二〇歳を過ぎて音楽家への道を選び、ニューヨークで戦ってきた指揮者が綴る、成功と失敗の概念を超える「しなやかな思考」のつくりかた。

978-4-334-04506-7

1101
Z世代
若者はなぜインスタ・ＴｉｋＴｏｋにハマるのか？

原田曜平

「Z世代」は「ゆとり世代」と何が違うのか？ 世代人口が少ないにもかかわらず、彼らの発信力・拡散力はなぜ巨大なのか？「スマホ第一世代」を若者研究の第一人者が徹底分析。

978-4-334-04507-4